最新版

おりがみ大百科

監修 おりがみ会館館長
小林一夫

構成 造事務所

実業之日本社

最新版 おりがみ大百科　もくじ

折り図の見方と基本の折り方 ………… 10

パート 1 ◆ 伝承おりがみ

鶴 ………… 14
CRANE

二そう舟 ………… 16
TWO-BOAT SHIP

帆船 ………… 17
SAILING BOAT

風船 ………… 18
BALLOON

紙ひこうき① ………… 19
PAPER AIRPLANE ①

紙でっぽう ………… 20
ORIGAMI POPGUN

やっこさん ………… 21
YAKKOSAN

はかま ………… 23
HAKAMA

手裏剣 ………… 24
THROWING-KNIFE

かぶと ………… 26
SAMURAI HELMET

熱帯魚 ………… 28
TROPICAL FISH

ハト ………… 29
PIGEON

おしゃべりカラス ………… 30
TALKATIVE CROW

たとう① ………… 32
FOLDING PAPER CASE ①

たとう② ………… 34 FOLDING PAPER CASE ②	箱（ふた）………… 40 LID
かざぐるま ………… 36 PINWHEEL	箱（本体）………… 42 BOX
財布 ………… 38 WALLET	たからぶね ………… 44 TREASURE SHIP 

パート 2 ◆ 季節のおりがみ

こま（本体）………… 48 TOP	桜 ………… 55 CHERRY BLOSSOMS
こま（軸）………… 49 AXIS	鯉のぼり ………… 56 CARP STREAMER
鬼 ………… 50 OGRE	でめきん ………… 57 POP-EYED GOLDFISH
ひな人形 ………… 52 HINA DOLLS 	かぶとむし ………… 60 BEETLE
びょうぶ ………… 54 FOLDING 	かぼちゃ ………… 62 PUMPKIN

キャンドル ………… 64
CANDLE

星 ……… 65
STAR

ツリー ………… 66
TREE

天使のハート ………… 68
HEART OF THE ANGEL

サンタ ……… 70
SANTA CLAUS

パート3 ◆ 使えるおりがみ

ブックカバー ………… 72
BOOK COVER

写真立て ………… 73
PICTURE FRAME

小さな封筒 ………… 74
SMALL ENVELOPE

封筒 ……… 75
ENVELOPE

ペントレイ ………… 76
PEN TRAY

コースター ………… 77
COASTER

のし ……… 78
NOSHI DECORATION

祝儀袋 ………… 79
SPECIAL ENVELOPE FOR MONETARY GIFTS

箸置き ………… 80
CHOPSTICK REST

箸袋 ……… 81
CHOPSTICK ENVELOPE

お祝い用箸袋 ·········· 82
CONGRATULATORY CHOPSTICK ENVELOPE

ぽち袋 ·········· 84
PETITE ENVELOPE

カードケース ·········· 86
CARD CASE

ティッシュケース ·········· 88
TISSUE CASE

菓子鉢 ·········· 90
BOWL FOR CONFECTIONERIES

舟の菓子入れ ·········· 92
BOWL SHAPED LIKE A BOAT

鶴のメモスタンド ·········· 94
CARD HOLDER SHAPED LIKE A CLANE

指輪 ·········· 96
RING

めんこ ·········· 98
MENKO

パート4 ◆ 立体おりがみ

カタツムリ ·········· 100
SNAIL

風船うさぎ ·········· 102
BALLOON RABBIT

かめ ·········· 104
TURTLE

金魚 ·········· 106
GOLDFISH

くじら ·········· 108
WHALE

ティラノサウルス ·········· 110
TYRANNOSAURUS REX

プテラノドン ……… 112
PTERANODON

桜の器 ……… 114
CONTAINER SHAPED LIKE A
CHERRY BLOSSOMS

ショートケーキ ……… 116
SHORT CAKE

帽子 ……… 118
HAT

ばら ……… 120
ROSE

カロライナジャスミン ……… 122
CAROLINA JASMINES

チューリップ ……… 124
TULIP

スペースシャトル ……… 126
SPACE SHUTTLE

ボート ……… 128
BOAT

パート 5 ◆ 生きものおりがみ

インコ ……… 130
PARAKEET

ニワトリ ……… 131
CHICKEN

イルカ ……… 132
DOLPHIN

ペンギン ……… 133
PENGUIN

ラッコ ……… 134
SEA OTTER

ちょうちょ ……… 135
BUTTERFLY

さかな ……… 136
FISH

くわがたむし ……… 138
STAG BEETLE

セミ ……… 140
CICADA

キツネ ……… 142
FOX

ぶた ……… 144
PIG

いのしし ……… 146
WILD BOAR

ねこ ……… 148
CAT

いぬ ……… 150
DOG

キリン ……… 152
GIRAFFE

ぞうの頭 ……… 154
ELEPHANT（HEAD）

ぞうの体 ……… 155
ELEPHANT（BODY）

ネズミ ……… 156
MOUSE

ヒツジ ……… 158
SHEEP

バッタ ……… 160
GRASSHOPPER

パート 6 ◆ 植物、食べものおりがみ

あさがお ……… 162
MORNING GLORY

カーネーション ……… 163
CARNATION

ひまわり ………… 164
SUNFLOWER

あやめ ………… 166
BLUE FLAG

もみじ ………… 168
RED LEAVES

トマト ………… 169
TOMATO

ダイコン ………… 170
RADISH

ピーマン ………… 172
GREEN PEPPER

たけのこ ………… 174
BAMBOO SHOOT

しいたけ ………… 176
SHIITAKE MUSHROOM

まつたけ ………… 178
MATSUTAKE MUSHROOM

いちご ………… 179
STRAWBERRY

バナナ ………… 180
BANANA

りんご ………… 182
APPLE

プリン ………… 183
PUDDING

ソフトクリーム ………… 184
SOFT ICE CREAM

おむすび ………… 186
RICE BALL

パート 7 ◆ 家、乗りものおりがみ

ふたつ屋根の家 ………… **188**
HOUSE WITH TWO ROOFS

えんとつ屋根の家 ………… **189**
HOUSE WITH A CHIMNEY

ピアノ ………… **190**
PIANO

いす ………… **191**
CHAIR

つくえ ………… **192**
DESK

紙コップ ………… **194**
PAPER CUP

湯のみ ………… **195**
TEACUP

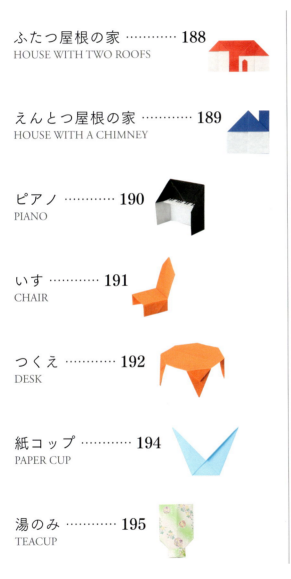

新幹線 ………… **196**
SHINKANSEN

紙ひこうき② ………… **197**
PAPER AIRPLANE ②

謎の円盤 ………… **198**
UFO

ヨット ………… **199**
YACHT

旅客船 ………… **200**
PASSENGER SHIP

車 ………… **202**
CAR

ロケット ………… **204**
ROCKET

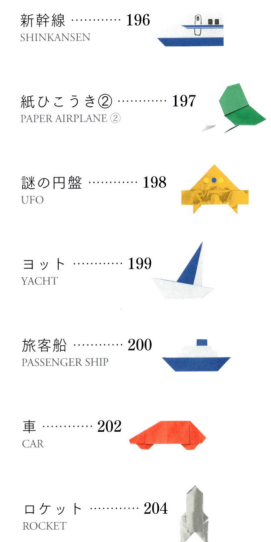

50音順さくいん ………… **206**

折り図の見方と基本の折り方

この本で紹介する折り図の見方と、基本的な折り方の手順を紹介します。
折り方がわからなくなったときは、このページに戻って確認しましょう。

折り図の見方

山折り – · – · – · –	折ったあと、線が内側につく折り方です。 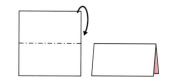	**差し込む**	一方をもう一方に差し込みます。
谷折り – – – – –	折ったあと、線が外側につく折り方です。 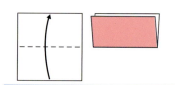	**段折り**	山折りと谷折りをして段をつくります。 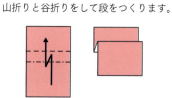
向きを変える	紙を回転させて、向きを変えます。 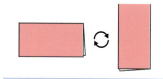	**巻き折り**	巻くように谷折りを数回くり返します。
裏返す	紙を裏返します。左右は入れ替わりますが、上下はそのままです。 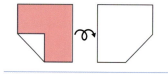	**切る** 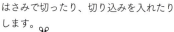	はさみで切ったり、切り込みを入れたりします。
間を開く	重なっている部分を開きます。 	**等分する** 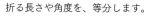	折る長さや角度を、等分します。

基本の折り方

折りすじをつける

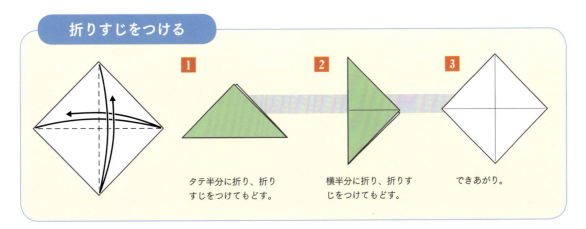

1. タテ半分に折り、折りすじをつけてもどす。
2. 横半分に折り、折りすじをつけてもどす。
3. できあがり。

四角折り

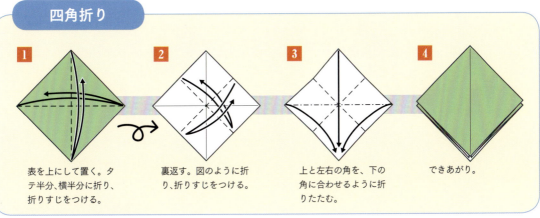

1. 表を上にして置く。タテ半分、横半分に折り、折りすじをつける。
2. 裏返す。図のように折り、折りすじをつける。
3. 上と左右の角を、下の角に合わせるように折りたたむ。
4. できあがり。

三角折り

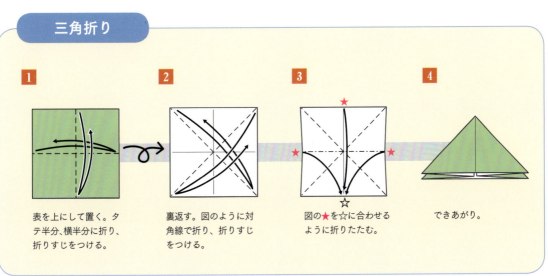

1. 表を上にして置く。タテ半分、横半分に折り、折りすじをつける。
2. 裏返す。図のように対角線で折り、折りすじをつける。
3. 図の★を☆に合わせるように折りたたむ。
4. できあがり。

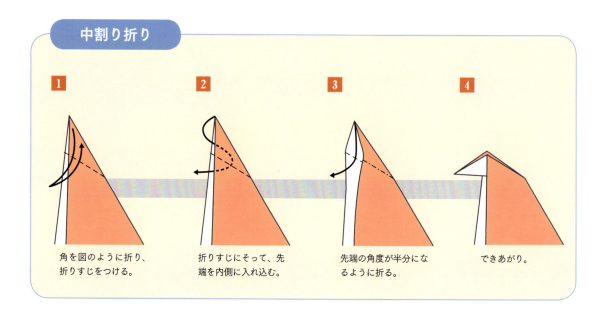

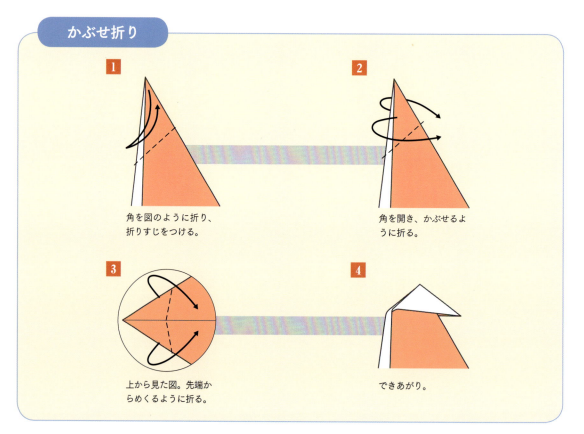

パート1

伝承おりがみ

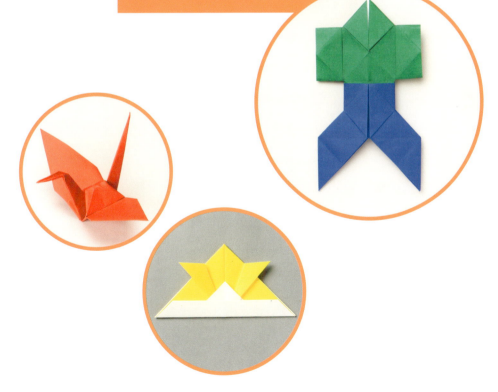

伝承

鶴 ● CRANE

 折り方のコツ　頭と尾を外側に引き、美しく仕上げましょう。また、くちばしの先は、頭と高さをそろえてバランスよく。

| 紙のサイズ | 15cm×15cm

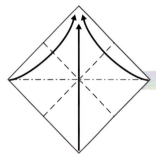

1 四角折り（P11）して、向きを変える。

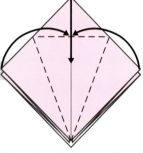

2 左右の角を中心に合わせる。つぎに上の角を折る。

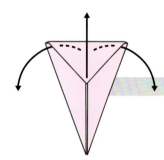

3 折り目を開いて、2の形にもどす。

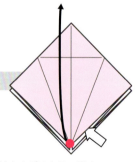

4 ●を持ち上げるように開く。

5 左右を折り線に合わせて折り上げる。裏も同じように折る。

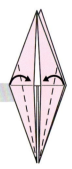

6 左右の辺を中心に合わせて折る。裏も同じように折る。

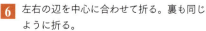

伝承

  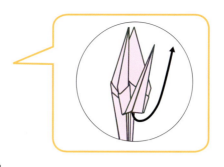

7 左右それぞれの表の1枚を開き、下の角を折り上げる。

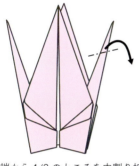 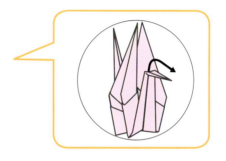

8 右の先端から1/3のところを中割り折り（P12）して、くちばしをつくる。

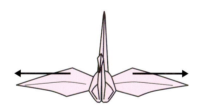 

できあがり

9 羽の根元を持って、左右に広げる。

アレンジ

尾を足に変えて、立ち姿の鶴に！

　尾の部分を折り上げないで、そのままおろしておいて、先端を1cmほど中割り折りにして足にしましょう。一本足で立っている鶴になります。

　羽を斜めに後ろ側に折り、くちばしを上に向けると冬空に向かって鳴いている姿に。また、羽を閉じて、くちばしを下向きにすると立って寝ている姿になります。

015

二そう舟

 舟底や先端の折りすじをしっかりとなぞり、舟の頭の部分とおしりの部分の形を整えましょう。

|紙のサイズ| 15cm×15cm

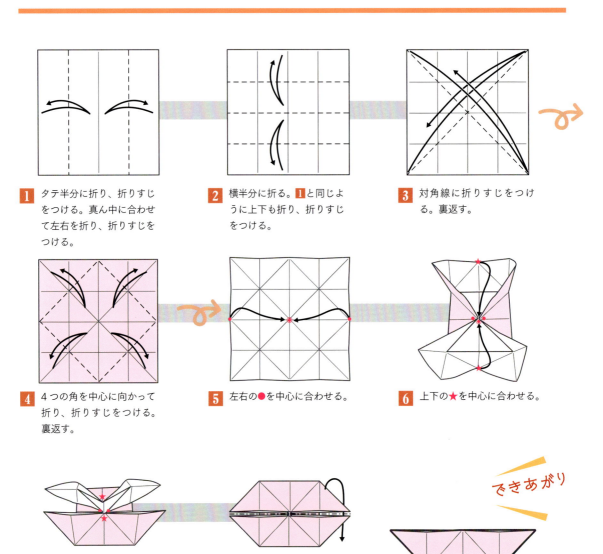

1 タテ半分に折り、折りすじをつける。真ん中に合わせて左右を折り、折りすじをつける。

2 横半分に折る。1と同じように上下も折り、折りすじをつける。

3 対角線に折りすじをつける。裏返す。

4 4つの角を中心に向かって折り、折りすじをつける。裏返す。

5 左右の●を中心に合わせる。

6 上下の★を中心に合わせる。

7 上下の両端の角を山折りしてから、★印を中心に合わせる。

8 図のように、山折りする。

できあがり

伝承

帆船 ● SAILING BOAT

 折り方のコツ

船首をぴったり合わせて折るのが美しく見えるコツ。船体だったところが帆になる「だまし船」も楽しめます。

| 紙のサイズ | 15cm×15cm

1 二そう舟（P16）の1〜6まで折る。裏返す。

2 斜め下に折る。つぎに上と左側の角を開く。

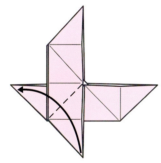

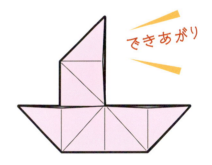

できあがり

3 下の角を、左側の角に合わせて折り上げる。

 遊び方

不思議！　だまし船

ふたりで遊びます。相手に帆の先を指でつまんでもらい、そのあと目をつぶってもらいましょう。

2枚になっているほうの船の先端を開いて、それぞれ谷折りにします。

相手に目を開けてもらうと、帆を持っていると思っていたら、いつの間にか船体を持っていてびっくり！

017

伝承

風船 ● BALLOON

 すき間の奥まで角を深く差し込むと、ふくらませるときや遊んでいるときに、形がくずれにくくなります。

| 紙のサイズ | 15㎝×15㎝

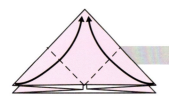

1 三角折り（P11）する。上の1枚の左右の角を、図のように折る。

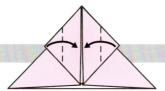

2 図のように折る。

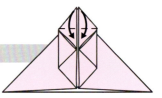

3 上の左右の角を、図のように折る。

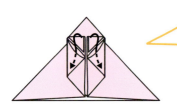

4 3で折ったところをすき間に差し込む。裏返す。

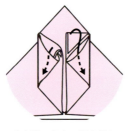

すき間の奥まで折り込む。

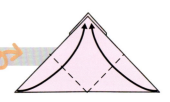

5 裏も 1〜4 まで同じように折る。

6 穴から勢いよく息を吹き込み、ふくらませる。

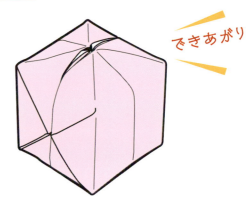

できあがり

伝承

紙ひこうき① ● PAPER AIRPLANE①

折り方のコツ 左右のつばさと、飛行機の胴体が垂直になるように折ることで、より遠くまで安定して飛ばすことができます。

| 紙のサイズ | 15cm × 10cm

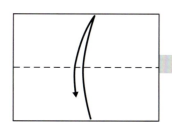

1 横半分に折り、折りすじをつける。

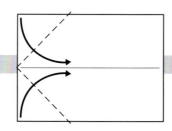

2 左側の上下の角を折りすじに合わせて折る。

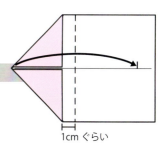

3 図の位置で、折る。1cmぐらい

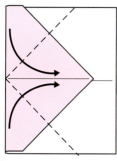

4 左側の上下の角を、折りすじに合わせて折る。

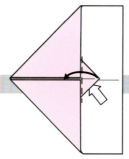

5 折り目から出た部分を、図のように折り返す。

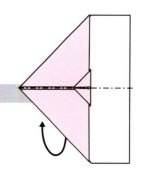

6 下から横半分に山折りする。

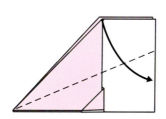

7 図のように谷折りする。裏も同じように折る。

できあがり

019

伝承

紙でっぽう ● ORIGAMI POPGUN

折り方のコツ 折り目を上からしっかりとこすり、できるだけでこぼこのないよう平らにすると、音が出やすくなります。

| 紙のサイズ | コピー用紙 A4 判

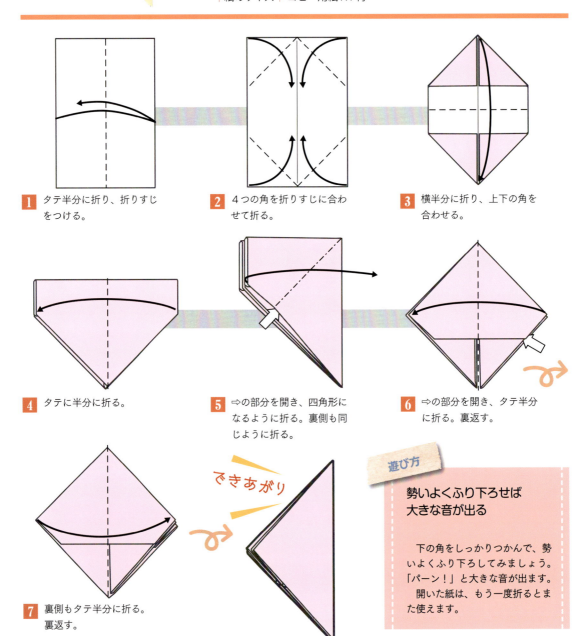

1. タテ半分に折り、折りすじをつける。
2. 4つの角を折りすじに合わせて折る。
3. 横半分に折り、上下の角を合わせる。
4. タテに半分に折る。
5. ⇨の部分を開き、四角形になるように折る。裏側も同じように折る。
6. ⇨の部分を開き、タテ半分に折る。裏返す。
7. 裏側もタテ半分に折る。裏返す。

できあがり

遊び方

勢いよくふり下ろせば大きな音が出る

下の角をしっかりつかんで、勢いよくふり下ろしてみましょう。「パーン！」と大きな音が出ます。
開いた紙は、もう一度折るとまた使えます。

やっこさん ●YAKKOSAN

 最初に4つの角を中心にぴったりと合わせることで、すき間のないきれいな顔に折ることができます。

| 紙のサイズ | 15cm×15cm

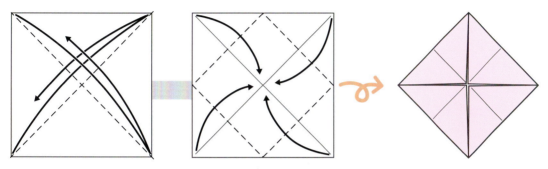

1 図のように、対角線に折りすじをつける。

2 4つの角を中心に合わせて折る。裏返す。

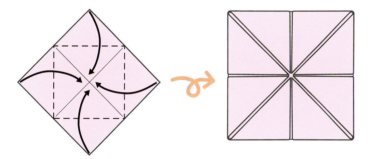

3 4つの角を中心に合わせて折る。裏返す。

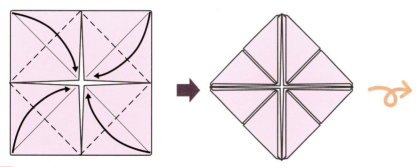

4 もう一度、4つの角を中心に合わせて折る。折り目をしっかりつけて、裏返す。

伝承

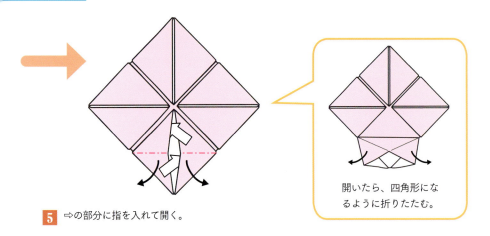

5 ⇨の部分に指を入れて開く。

開いたら、四角形になるように折りたたむ。

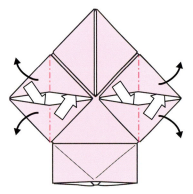

6 左右も5と同じように開く。

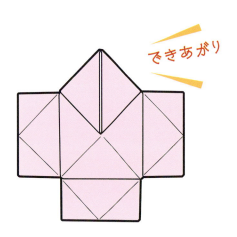

できあがり

アレンジ

はかまをはかせて忍者をつくる

やっこさんの胴体に、P23で折ったはかまの四角い部分をはさみ、のりづけします。かっこいい忍者ができあがります。

伝承

はかま ●HAKAMA

折り方のコツ すその部分を折るときは、すその内側に親指を入れてひっくり返しましょう。簡単に折ることができます。

| 紙のサイズ | 15cm×15cm

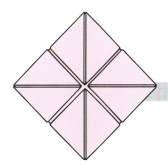

1 やっこさん（P21）の **6** まで折る。

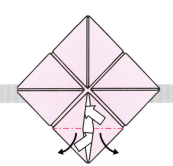

2 ⇨の部分を開く。

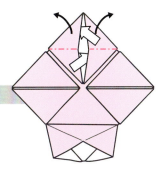

3 上も **2** と同じように開く。

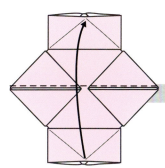

4 横半分に折る。

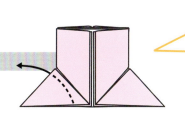

5 左の三角を引き上げる。

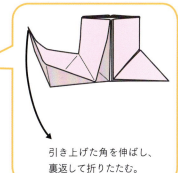

引き上げた角を伸ばし、裏返して折りたたむ。

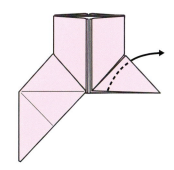

6 右側も、**5** と同じように折る。

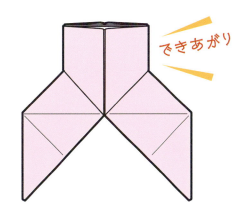

できあがり

伝承

手裏剣 ● THROWING-KNIFE

 2つの剣を差し込んで組み合わせるときに、4つの剣先がとがるように形を整えながら折りましょう。

|紙のサイズ| 15cm×15cm

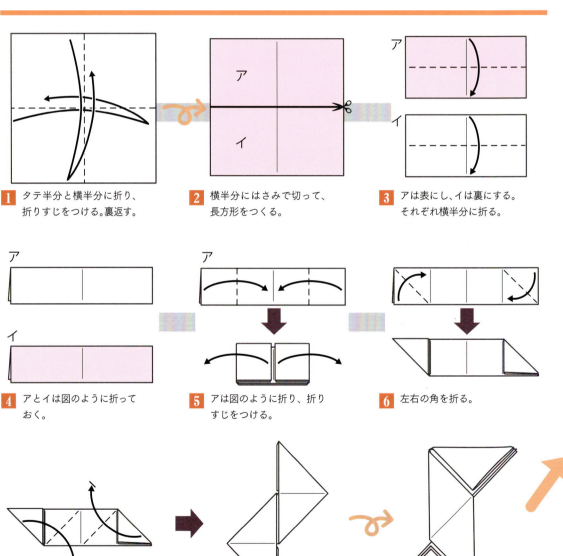

1 タテ半分と横半分に折り、折りすじをつける。裏返す。

2 横半分にはさみで切って、長方形をつくる。

3 アは表にし、イは裏にする。それぞれ横半分に折る。

4 アとイは図のように折っておく。

5 アは図のように折り、折りすじをつける。

6 左右の角を折る。

7 さらに、左右の角を折りすじに合わせて折る。裏返す。

伝承

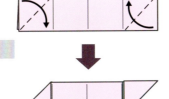
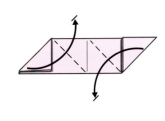
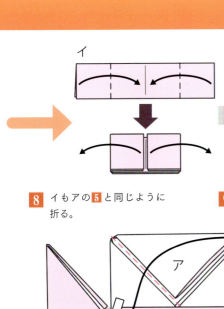

8 イもアの 5 と同じように折る。

9 6、7 はアと逆の向きに左右の角を折る。

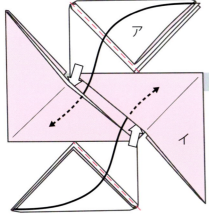
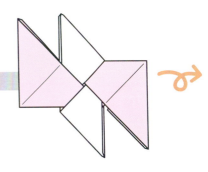

10 アとイを図のように置く。アの上下の先端を谷折りにして、イのすき間に差し込む。

11 差し込んだら、平らになるように手でならす。裏返す。

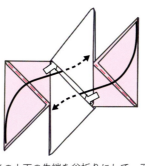
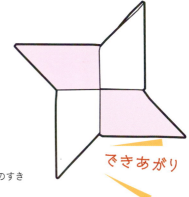

12 イの上下の先端を谷折りにして、アのすき間に差し込む。

できあがり

アレンジ

組み合わせて リースをつくる

　赤と緑、金と銀の組み合わせで、手裏剣を8〜10個ほどつくります。円になるように先と先をつなげて、クリスマスリースをつくりましょう。シールやリボンで飾ると、とても豪華になります。

　緑色と金色で組み合わせで手裏剣をたくさんつくり、円すい形に組み合わせるとツリーをつくることもできます。

かぶと ● SAMURAI HELMET

 左右2つのかざり部分が、かぶとに対して水平に一直線に並ぶように折りましょう。よりかっこよく映ります。

|紙のサイズ| 15cm×15cm

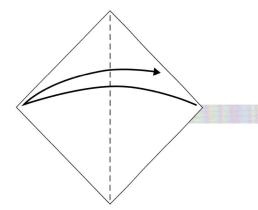

1 タテ半分に折り、折りすじをつける。

2 横半分に折る。

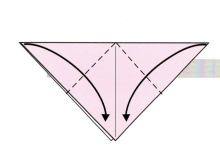

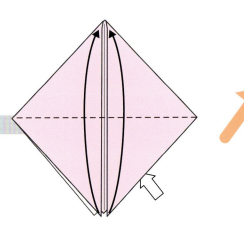

3 真ん中の折りすじに合わせて、左右の角を折る。

4 図のようにそれぞれ上の角まで折り上げる。

伝承

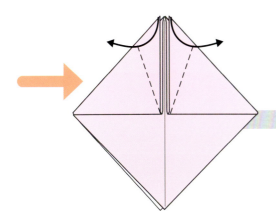

5 折り上げた左右の先端を、図のように折る。

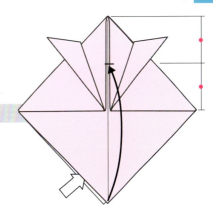

6 下の角を、上の1枚だけ図の位置まで折る。

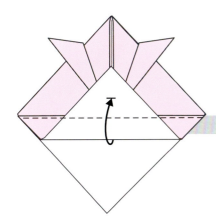

7 上の1枚を、さらに図の位置まで折る。

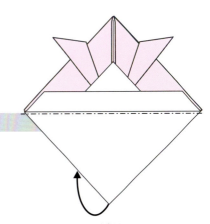

8 下の1枚を図のように山折りする。

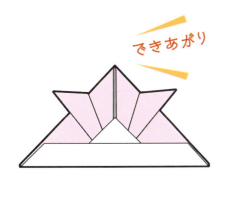

できあがり

アレンジ

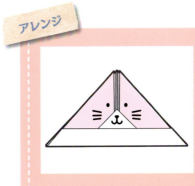

ねこの顔風の帽子にアレンジ

5を省略して折ります。目や鼻、ひげをペンでかくと、かわいらしいねこの顔のような帽子になります。

伝承

熱帯魚 ● TROPICAL FISH

 折り方のコツ

2枚を組みあわせるとき、向きに注意しましょう。別の色で組みあわせても、色鮮やかになってきれいです。

| 紙のサイズ | 15cm×15cm

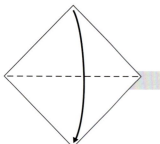

1 タテ半分に折る。

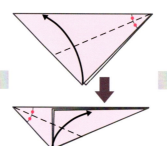

2 下の角を図のように折る。さらに、下の角を折る。

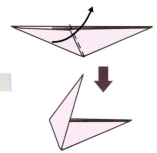

3 図の位置で折り、折りすじをつける。

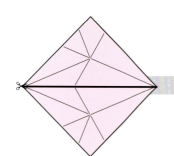

4 折り目をすべて開く。1の折りすじに合わせて切る。

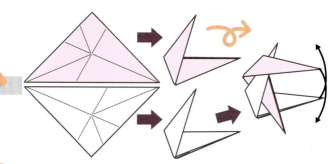

5 下半分を裏返す。2枚それぞれを折りすじにそって3の形に折る。上半分を裏返す。図のように重ねる。

6 下半分の右の先端を図のように折る。

7 上半分の右の先端を図のように山折りする。

できあがり

028

ハト ●PIGEON

伝承

折り方のコツ 羽の幅や折りあげる向きが重要になります。ハトらしい幅広い羽と、丸っこい体を表現できるとよいでしょう。

| 紙のサイズ | 15cm×15cm

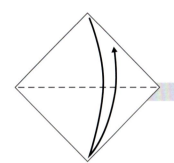

1 横半分に折り、折りすじをつける。

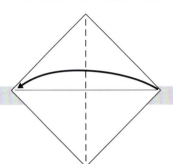

2 タテ半分に折る。

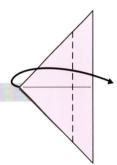

3 左の角を図の位置で折る。

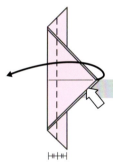

4 右の角を上の1枚だけ、図の位置で折る。

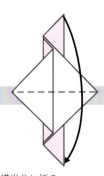

5 横半分に折る。

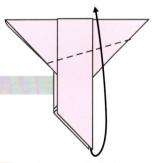

6 下の角を上の1枚だけ折る。

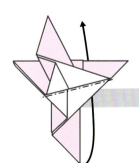

7 裏も同じように折る。

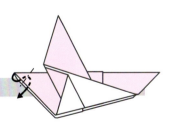

8 左の角を中割り折り(P12)する。

できあがり

029

伝承

おしゃべりカラス
● TALKATIVE CROW

 羽をパタパタと閉じ開きすると、それに合わせて口もパクパクと開きます。恐竜に変化させるアレンジも。

|紙のサイズ| 15cm×15cm

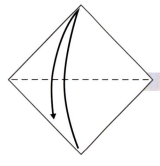

1 横半分に折り、折りすじをつける。

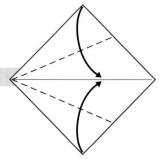

2 上下の角を折りすじに合わせて折る。

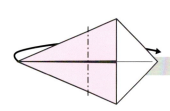

3 横半分に山折りする。

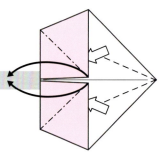

4 ⇨の部分を開き、折りすじにそって図のように折る。向きを変える。

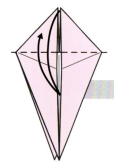

5 上の角を図のように折り、折りすじをつける。

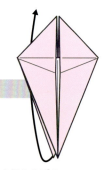

6 下の1枚を折り上げる。

伝承

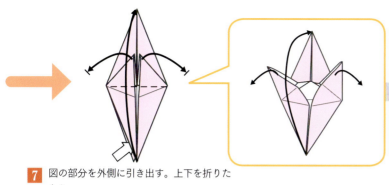

7 図の部分を外側に引き出す。上下を折りたたむ。

8 上の1枚をタテ半分に折る。

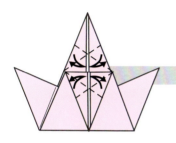
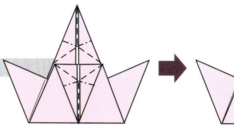
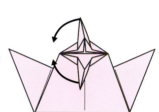

9 図のように折りすじをつける。

10 折りすじをつけた部分をタテ半分に山折りしてつまみ、三角に折りたたむ。

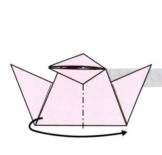
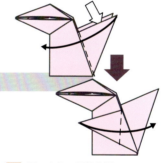

11 タテ半分に山折りする。

12 図のように羽根を折る。

アレンジ

パクパク恐竜に変身

くちばしの先を、上下それぞれ1cmずつ内側に折ります。羽を半分に折ると、背中の骨板になります。

できあがり

伝承

たとう① ● FOLDING PAPER CASE①

折り方のコツ 美しく完成させるには、角を差し込んで互い違いに折りたたむとき、注意してていねいに折りましょう。

たとう…小銭や小物を入れる紙の入れもの

|紙のサイズ| 15cm×15cm

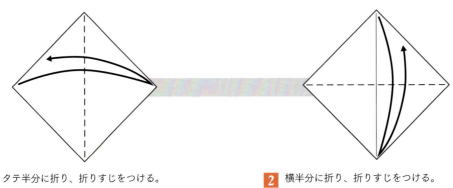

1 タテ半分に折り、折りすじをつける。

2 横半分に折り、折りすじをつける。

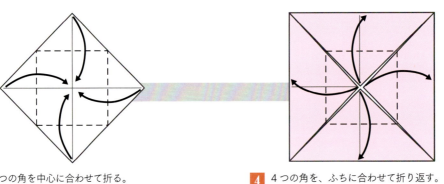

3 4つの角を中心に合わせて折る。

4 4つの角を、ふちに合わせて折り返す。

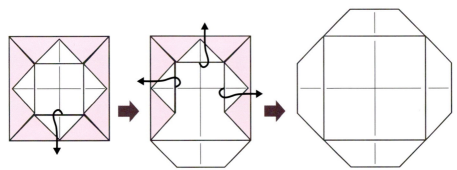 

5 折り返した部分を、図のように開く。

伝承

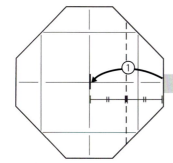

6 右の辺を中心に合わせて折る①。

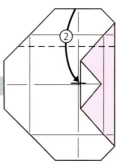

7 上の辺を中心に合わせて折る②。

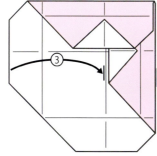

8 左の辺を中心に合わせて折る③。

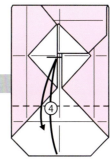

9 下の辺を中心に合わせて折り、折りすじをつける④。

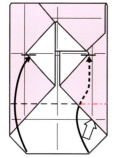

10 図のように差し込み、互い違いに折りたたむ。

上の角を図のように直角に折る。

アレンジ

クリップなどの小物入れに使う

パッと口が開き、中の物が取り出しやすいので、クリップや小さいビーズ入れとして使えます。

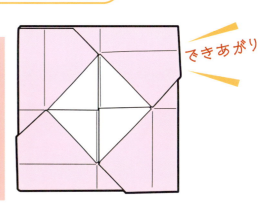

できあがり

伝承

たとう② ● FOLDING PAPER CASE②

折り方のコツ 折り方が少し複雑です。複雑な模様を美しく仕上げるには、折り図やできあがり図を参考にしましょう。

| 紙のサイズ | 15cm × 15cm

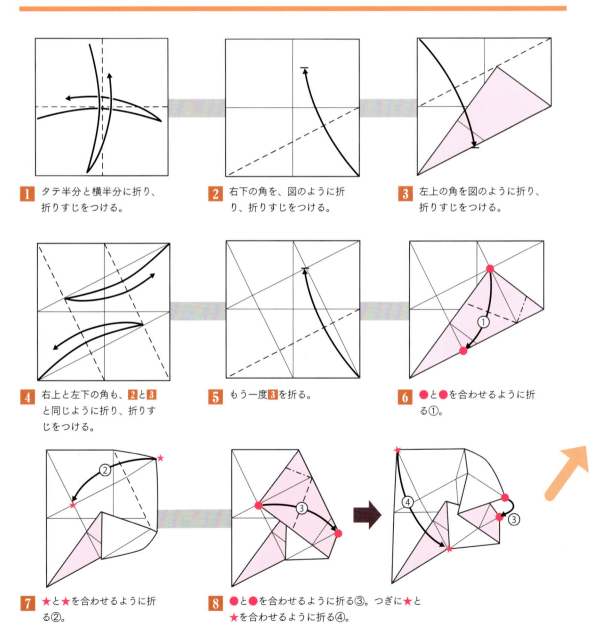

1 タテ半分と横半分に折り、折りすじをつける。

2 右下の角を、図のように折り、折りすじをつける。

3 左上の角を図のように折り、折りすじをつける。

4 右上と左下の角も、2と3と同じように折り、折りすじをつける。

5 もう一度3を折る。

6 ●と●を合わせるように折る①。

7 ★と★を合わせるように折る②。

8 ●と●を合わせるように折る③。つぎに★と★を合わせるように折る④。

伝承

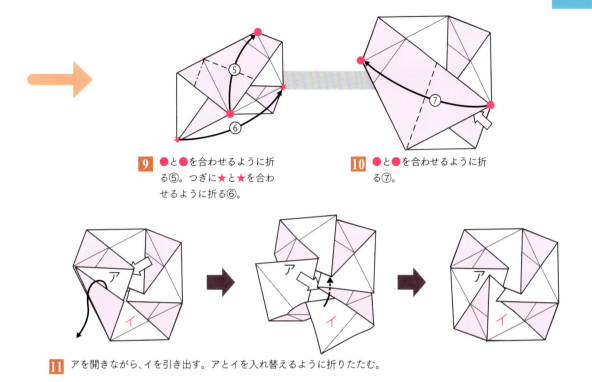

9 ●と●を合わせるように折る⑤。つぎに★と★を合わせるように折る⑥。

10 ●と●を合わせるように折る⑦。

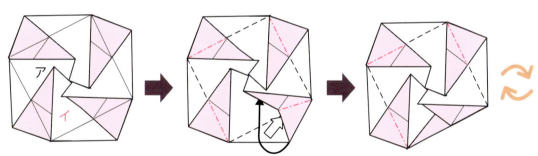

11 アを開きながら、イを引き出す。アとイを入れ替えるように折りたたむ。

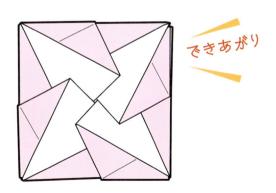

12 アから左回りに、角を内に折り込む。向きを変える。

できあがり

伝承

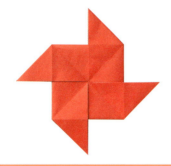

かざぐるま ●PINWHEEL

 折り方のコツ
4枚の羽根は、少し立てるようにしましょう。そうすると風が当たりやすく、くるくると回りやすくなります。

|紙のサイズ| 15㎝×15㎝

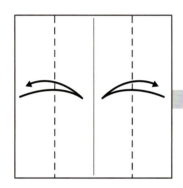

1 タテ半分に折り、折りすじをつける。折りすじに合わせて左右を折り、折りすじをつける。

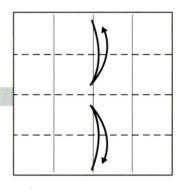

2 横半分に折り、折りすじをつける。1と同じように上下を折り、折りすじをつける。

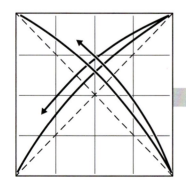

3 対角線に折りすじをつける。裏返す。

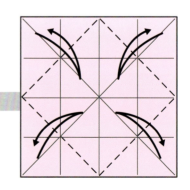

4 4つの角を中心に合わせて折り、折りすじをつける。裏返す。

伝 承

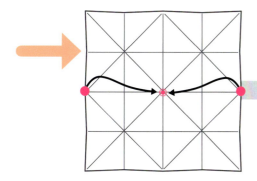

5 左右の●を中心に合わせて折る。

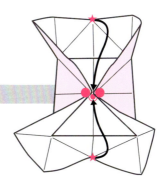

6 上下の両端の角を山折りにして、★を中心に合わせて折る。

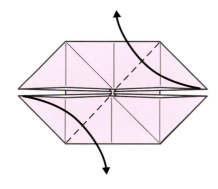

7 右上の角と左下の角を、それぞれ図のように折る。

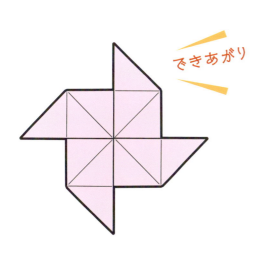

できあがり

アレンジ

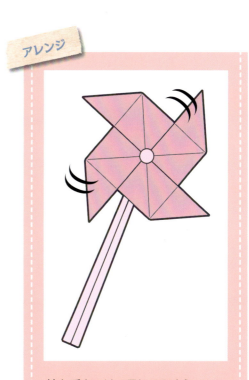

持ち手をつけて回してみよう

　かざぐるまの真ん中にピンをさして、割りばしの細いほうにとりつけます。あらかじめピンでさす穴を広げて、かざぐるまが回りやすくしておきましょう。
　羽根の部分を少し折り立てると、風が当たりやすくなり、息を吹きかけるとくるくると回ります。

伝承

財布 ●WALLET

 端にある口の部分は、紙が何枚も重なって少し折りにく
くなっています。しっかりと折り目をつけましょう。

|紙のサイズ| 15cm×15cm

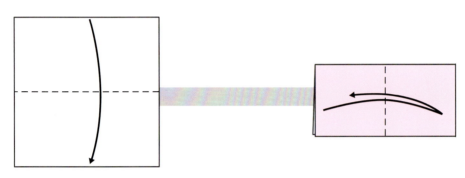

1 横半分に折る。

2 タテ半分に折り、折りすじをつける。

3 左右を折りすじ合わせて折り、折りすじを
つける。

4 上側の左右の角を、3の折りすじに合わせ
て折り、折りすじをつける。

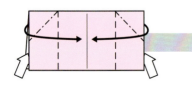
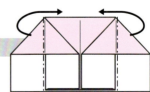

5 左右のすき間を開き、折りすじに合わせて、
三角に折る。

6 図のように山折りする。

伝承

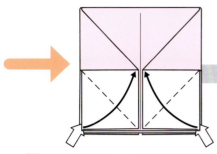

7 下の左右の角を、上の1枚だけ図のように折る。

8 下の1枚を図のように折る。

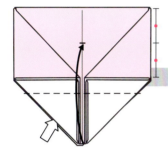

9 上の1枚を、図のように折る。

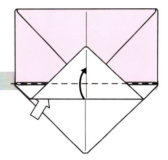

10 図の位置で折り、裏返す。

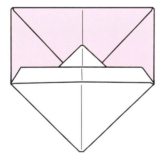

11 裏も9、10と同じように折る。

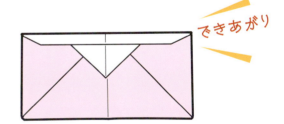

できあがり

アレンジ

大きな紙で クラッチバッグをつくる

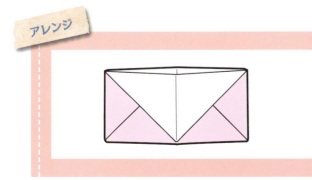

9の手順で下の角を上まで折りあげます。裏も同じように折りましょう。大き目の紙で折ると、クラッチバッグになります。
　千代紙などで折ると、ふくさ代わりに。

伝承

箱（ふた） ●LID

折り方のコツ　箱の形を整えるには、角が直角になるように縦横の辺をまっすぐにしっかりと伸ばすのがポイントです。

|紙のサイズ| 14.5㎝×14.5㎝ または 15㎝×15㎝

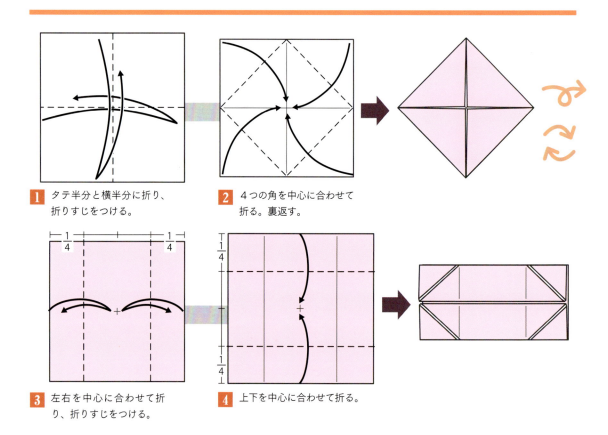

1 タテ半分と横半分に折り、折りすじをつける。

2 4つの角を中心に合わせて折る。裏返す。

3 左右を中心に合わせて折り、折りすじをつける。

4 上下を中心に合わせて折る。

5 4で折った上の1枚を図のように折る。

6 下側の左右の角を折る。

040

伝承

 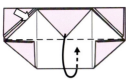 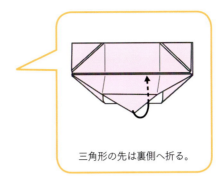

三角形の先は裏側へ折る。

7 5で折った上の1枚を折る。

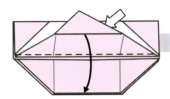 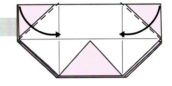

8 7で折った上の1枚を折る。

9 上の左右の角を折る。

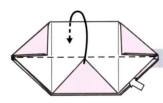 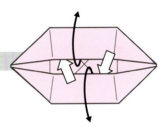

10 上の1枚を折る。

11 ⇨の部分を上下に開く。底の角が直角になるように整える。

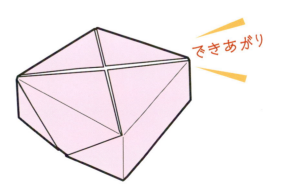

できあがり

伝承

箱（本体） ●BOX

折り方のコツ　底になる部分は、真ん中に合わせてきっちり折りましょう。ふたの上をすき間なく仕上げることができます。

| 紙のサイズ | 15cm × 15cm

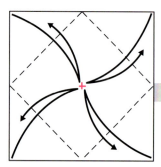

1　4つの角を中心に向かって折り、折りすじをつける。

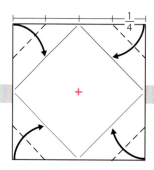

2　4つの角を折りすじに合わせて折る。

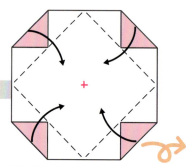

3　1の折りすじにそって、図のように折る。裏返す。

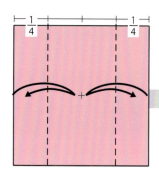

4　左右を中心に合わせて折り、折りすじをつける。

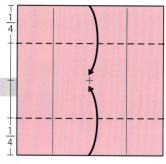

5　上下を中心に合わせて折る。

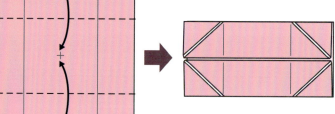

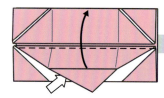

6　5で折った上の1枚を図のように折る。

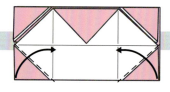

7　下側の左右の角を折る。

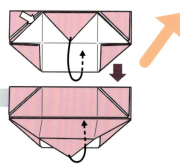

8　6で折った上の1枚を折る。

伝承

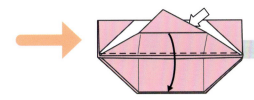
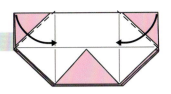

9 8で折った上の1枚を折る。

10 上の左右の角を折る。

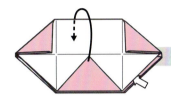
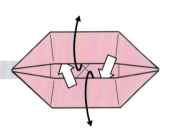

11 上の1枚を折る。

12 ⇨の部分を上下に開く。底の角が直角になるように整える。

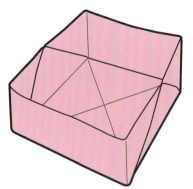

できあがり

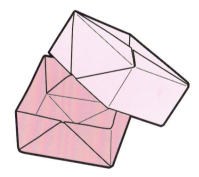

P40でつくったふたをして、できあがり。

アレンジ

ふたをシールでおしゃれにかざる

　ふたに丸や星、ハートなどのシールをはって、ポップ調のすてきな雰囲気に仕上げましょう。
　模様のついたラッピング紙や和紙などで箱をつくり、ふたの上面をのりづけしてリボンや小さな造花でかざると、母の日やバレンタインなどのギフトボックスとしても使えます。

伝承

たからぶね ●TREASURE SHIP

 折り方のコツ 紙が厚くなるので、折りすじをしっかりつけましょう。最後はゆっくりと引っ張り、紙を破らないように。

| 紙のサイズ | 15cm×15cm

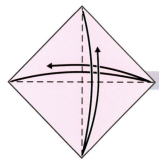

1 表を上に置く。タテ半分、横半分に折り、折りすじをつける。

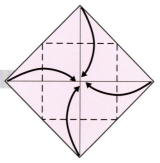

2 4つの角を中心に合わせる。

3 上下を折りすじに合わせて折る。

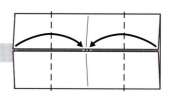

4 左右を折りすじに合わせて折る。

5 図のように4カ所を折る。

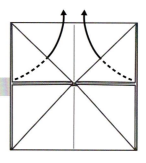

6 5で折った部分を図のように折る。

伝承

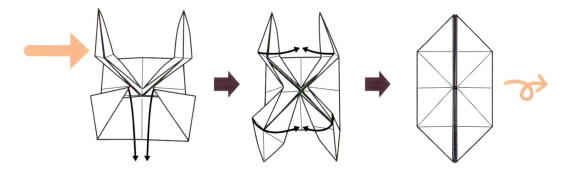

7 図のように折る。裏返す。

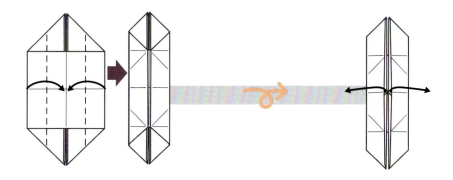

8 折りすじに合わせて折る。裏返す。　　9 8の折り目を開く。

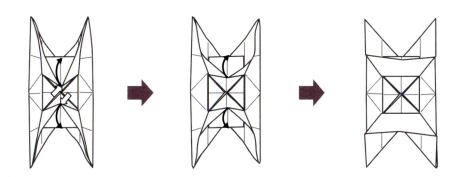

10 ⇨の部分を開きながら、図のように折る。

045

伝承

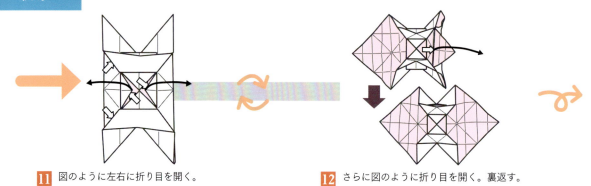

11 図のように左右に折り目を開く。

12 さらに図のように折り目を開く。裏返す。

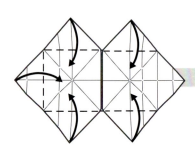

13 図のように折る。

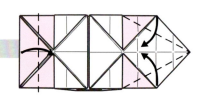

14 図のように折る。

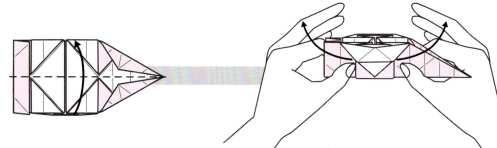

15 横半分に折る。

16 図のように持ち、左右を引き上げる。

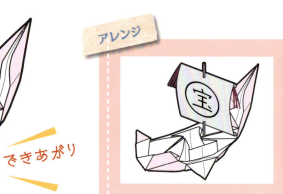

できあがり

アレンジ

帆をかけて、お正月にかざる

　紙に赤いペンで「宝」の字を書き、上下を爪楊枝に通して帆をつくります。宝船にさして、できあがり。

パート2

季節のおりがみ

こま(本体) ●TOP

|折り方のコツ| きれいな五角形の形にするのはなかなか難しいものですが、各手順をしっかりチェックしながら折りましょう。

|紙のサイズ| 18cm×18cm

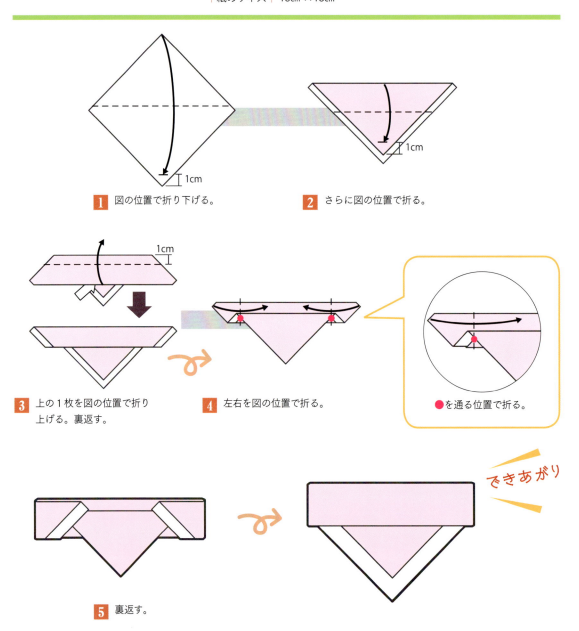

1 図の位置で折り下げる。

2 さらに図の位置で折る。

3 上の1枚を図の位置で折り上げる。裏返す。

4 左右を図の位置で折る。

●を通る位置で折る。

5 裏返す。

できあがり

こま（軸） ●AXIS

> **折り方のコツ** 先端の角をはさみで切る前に、全体をきちんと3等分にして、しっかりとのりづけするとよいでしょう。

| 紙のサイズ | 15cm ×3cm

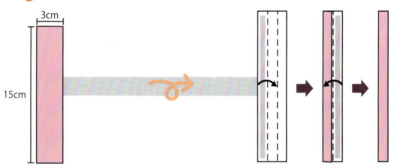

1 図のように置く。裏返す。

2 左右の1/3のところにのりをつけて、順番に折ってはりつける。

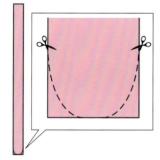

できあがり

3 下の左右の角をはさみで切り取る。少しカーブするように切る。

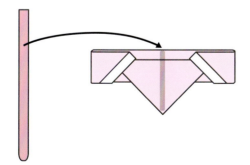

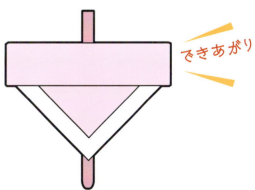

できあがり

4 本体の裏にのりではりつける。

季節

049

| 季節

鬼 ● OGRE

 顔の細かい部分では、折る順番が重要になります。どこを先に折るのか確認しながら折りましょう。

|紙のサイズ| 15cm×15cm

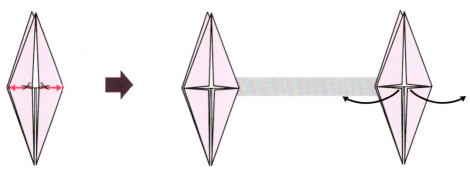

1 鶴（P14）の5まで折る。左右に分かれているほうを下に置く。上の1枚をつまんで、左右を切る。裏も同じように切る。

2 切った部分を左右に開く。裏も同じように開く。

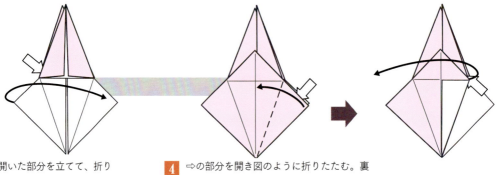

3 開いた部分を立てて、折り返す。裏も同じように折る。

4 ⇨の部分を開き図のように折りたたむ。裏も同じように折る。

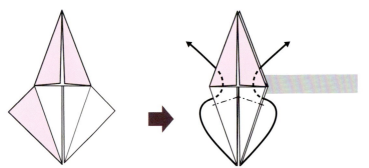

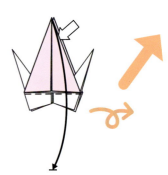

5 図の位置で左右を中割り折り（P12）する。

6 上の1枚は、図の位置で折る。裏返す。

季節

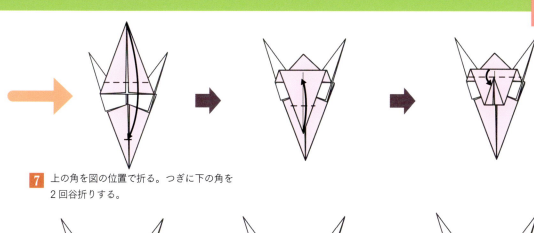

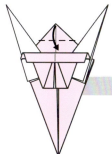

7 上の角を図の位置で折る。つぎに下の角を2回谷折りする。

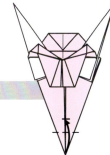

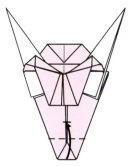

8 上の角を折る。

9 図のように折る。

10 下の角を折り上げる。

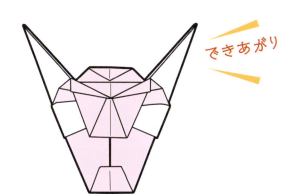

11 もう一度、下の角を折り上げる。

できあがり

アレンジ

節分の豆まきを盛り上げよう

　包装紙や和紙などの大き目の紙で鬼を折りましょう。
　画用紙で幅5cmほどの帯をつくり、鬼をのりや両面テープではりつけます。頭にかぶると、豆まきが盛り上がります。
　また、P40～43でつくった箱のふたに折り紙でつくった鬼をのりではり、豆を入れるとマスの代わりになります。

季節

ひな人形 ● HINA DOLLS

折り方のコツ おびなとめびなの折り方は、途中までは同じです。めびなは最後のところで肩をななめに折り、なで肩にします。

| 紙のサイズ | 15cm×15cm（和紙）　　　　アレンジ／冨田登志江

〈おびな〉

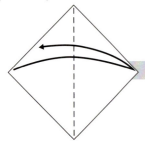

1 タテ半分に折り、対角線に折りすじをつける。

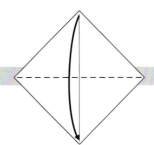

2 横半分に折る。

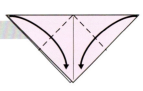

3 左右の角を、折りすじに合わせるように折る。

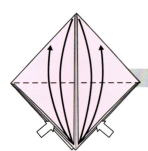

4 図のようにそれぞれ上の角に合わせて折り、折りすじをつける。

5 折り下げた左右の先端を、図のように折り、折りすじをつける。

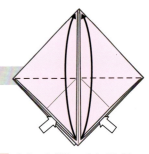

6 左右の先端を、それぞれ折り上げる。

7 ⇨の部分を開き、折りすじにそって折りたたむ。

折りすじを下に倒しながら、ひし形にたたむ。

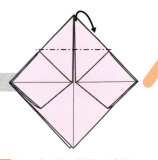

8 上の角を図の位置で山折りする。

季節

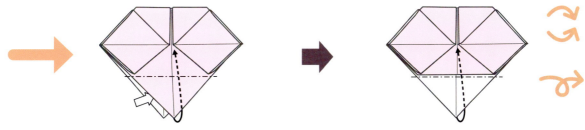

9 上の1枚だけ、図の位置で山折りする。下の1枚は裏側に山折りする。向きを変えて裏返す。

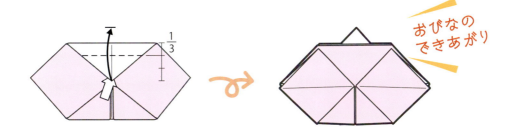

おびなのできあがり

10 9 で折った部分を、図の位置で折り上げる。裏返す。

〈めびな〉

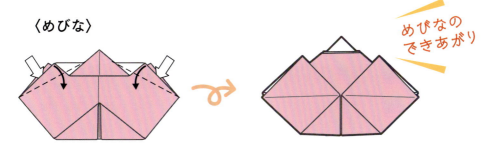

めびなのできあがり

11 おびなの 10 までを折る。上の1枚を図の位置で折る。裏返す。

アレンジ

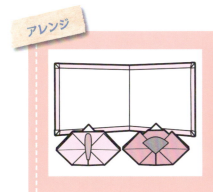

びょうぶにおひなさまをかざる

8 で折った部分を少し開くと、おひなさまを立たせることができます。

びょうぶ（P54）の前に、向かって左側におびな、右側にめびなをかざりましょう。

おびなには、黒色や銀色の紙を切ってつくったしゃく（笏）を、めびなには金色の紙を切ってつくった扇をはりつけましょう。

053

びょうぶ ●FOLDING

折り方のコツ 4つの辺の折り筋は、すべて同じ幅でつけるのがコツです。そうすると、四隅がきれいな四角形模様になります。

| 紙のサイズ | 黒画用紙、金色の紙（2枚をはりあわせる）　15cm×30cm

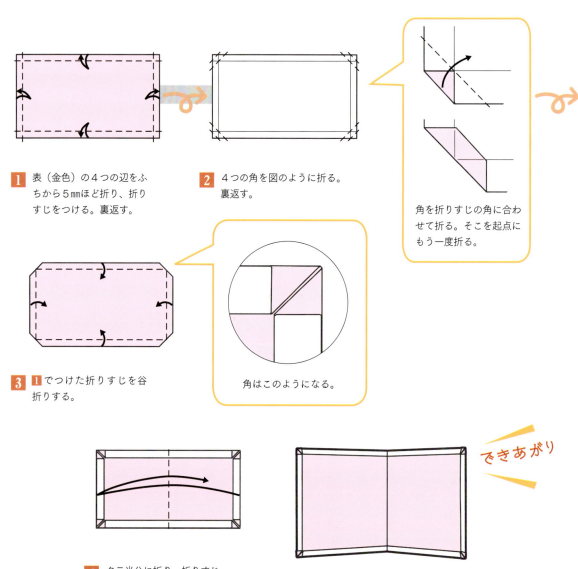

1. 表（金色）の4つの辺をふちから5mmほど折り、折りすじをつける。裏返す。

2. 4つの角を図のように折る。裏返す。

角を折りすじの角に合わせて折る。そこを起点にもう一度折る。

角はこのようになる。

3. 1でつけた折りすじを谷折りする。

4. タテ半分に折り、折りすじをつける。角度をつけて、立たせる。

できあがり

桜 ● CHERRY BLOSSOMS

 花びらのような曲線をはさみで切るときは、奥のほうの刃を使い、はさみではなく折り紙を動かしましょう。

| 紙のサイズ | 9cm×9cm もしくは 15cm×15cm　　　アレンジ／湯浅信江

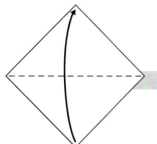

1 横半分に折る。

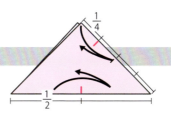

2 図の位置で部分的に折り、それぞれ印をつける。

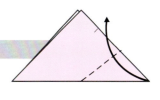

3 右の角を**2**でつけた印に合わせて折る。

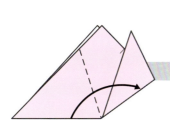

4 左の角を、**3**で折った辺に合わせて折る。

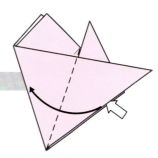

5 図のように折る。

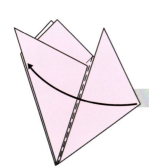

6 右の角を、図のように谷折りする。

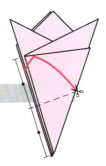

7 図のような形に、はさみで切る。

できあがり

055

季節

鯉のぼり　●CARP STREAMER

 折り方のコツ

折り紙の大きさや色を変えれば、親子の鯉のぼりも簡単につくれます。ぜひ、家族を増やしてみましょう。

|紙のサイズ| 15cm × 15cm

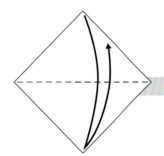

1 横半分に折り、折りすじをつける。

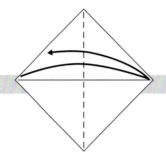

2 タテ半分に折り、折りすじをつける。

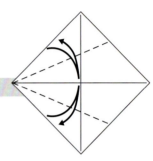

3 上下の角を折りすじに合わせて折り、折りすじをつける。

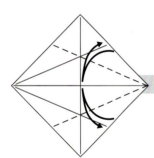

4 さらに3と逆の角も折り、折りすじをつける。

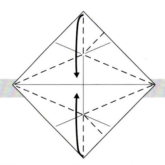

5 上下の角を半分に折りながらつまみ、中心で合わせる。

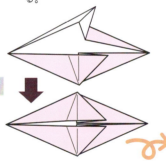

6 中心で合わせた角を右に倒しながら折りたたむ。裏返す。

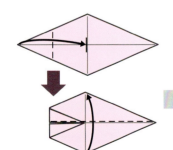

7 左の角を中心に合わせて折る。横半分に折る。

8 上の1枚を図のように折り、裏も同じように折る。右の角を中割り折り（P12）する。

できあがり

056

でめきん
● POP-EYED GOLDFISH

 しっぽを立てて、胴にぴったりとはさむのがコツです。尾びれの端は、水になびいているように折りましょう。

|紙のサイズ| 15cm×15cm

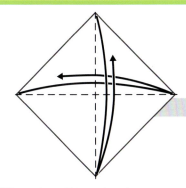

1 タテ半分と横半分に折り、折りすじをつける。

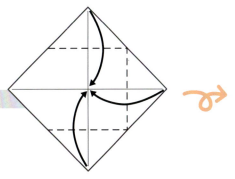

2 上下と右の角を、中心に向かって折る。裏返す。

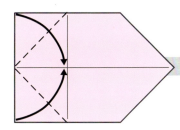

3 左の上下の角を折りすじに合わせて折る。

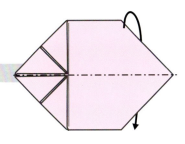

4 横半分に山折りする。

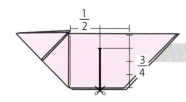

5 図の位置を切る。折り目を開く。

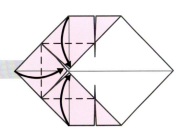

6 上下と左の角を、図の位置に向かって折る。

季節

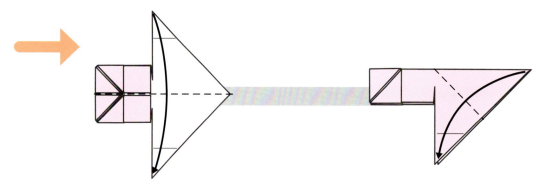

7 上下の折り目を開く。横半分に谷折りする。

8 右と下の角を、図のように合わせるように折る。

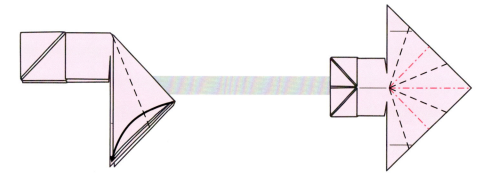

9 右の角を図のように折る。

10 8、9の折り目を開く。交互に谷折り、山折りして、しっぽをつくる。

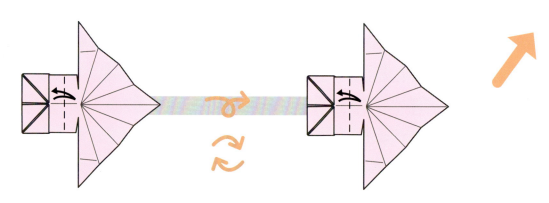

11 図の位置で谷折りし、折りすじをつける。向きを変えて裏返す。

季節

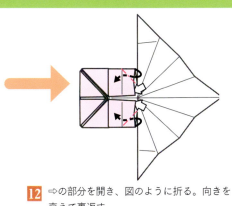

角を谷折りして、内側に折り込む。

12 ⇨の部分を開き、図のように折る。向きを変えて裏返す。

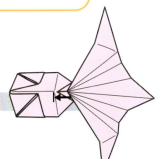

13 図の位置に折りすじをつける。

14 折りすじにそって右側のしっぽを内側にはさみ込む。

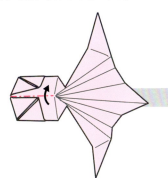

15 図の部分をゆるく山折りにする。向きを変えて裏返す。

16 ⇨の部分を開きながら重ね合わせる。★と☆を重ねた部分をのりではりつける。向きを変えて裏返す。

できあがり

17 ⇨の部分を開く。

059

| 季節

かぶとむし ●BEETLE

|折り方のコツ| かぶとむしといえば、立派な角です。角の細かい部分をしっかりと山折りすれば、力強く映ります。

|紙のサイズ| 15cm×15cm

原案／湯浅信江

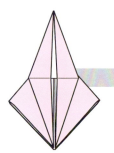

1 鶴（P14）の5まで折り、裏返す。

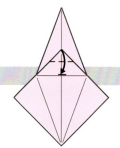

2 図の位置で折り下げる。

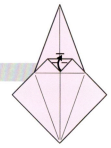

3 2で折った部分を図のように折り上げる。

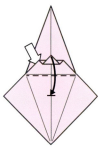

4 図の位置で折り下げる。裏返す。

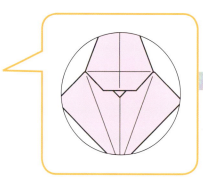

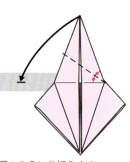

5 図のように谷折りする。

6 折り目を開いて5の形にもどす。

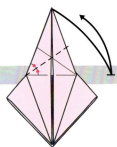

7 5、6と同じように折り、折りすじをつける。

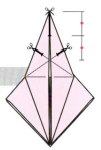

8 図の位置をはさみで切る。

季節

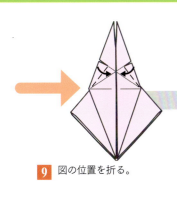
9 図の位置を折る。

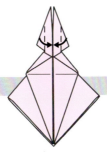
10 図のように折り、ツノをつくる。

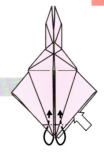
11 下の左右の角を開いて、山折りし、内側に折り込む。

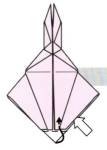
12 下の1枚も内側に折り込む。

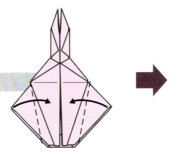
13 左右を図のように折る。裏返す。

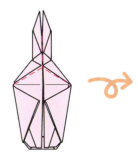

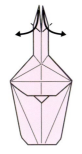
14 ツノの先を図のように折る。

できあがり

アレンジ

ツノの形を変えて
ヘラクレスオオカブト

8で先端だけを切らないで、とがったままにします。そのまま12まで折りましょう。
13で裏返したあと、ツノの部分をタテに山折りにすれば、ツノが立体的になります。これが、ヘラクレスオオカブト。薄茶色の折り紙でつくり、頭の部分を黒いペンで塗ると、よりいっそう本物らしくなります！

061

季節

かぼちゃ ●PUMPKIN

 左右対称のきれいな八角形にするのがポイントです。角を折るときは、寸法を確認しながら折りましょう。

| 紙のサイズ | 15cm×15cm

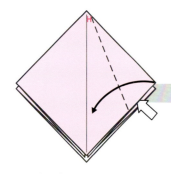

1 四角折り（P11）して、向きを変える。つぎに右の上の1枚を図のように折る。

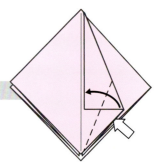

2 上の1枚を図のように折る。

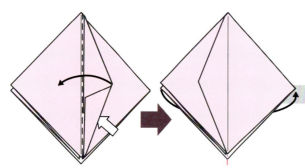

3 さらに上の1枚を折る。

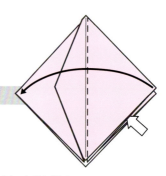

4 右を図のように折る。

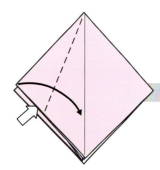

5 左の上の1枚を、折りすじに合わせて折る。

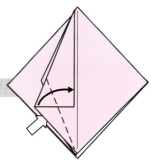

6 上の1枚を図のように折る。

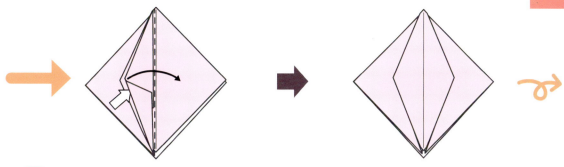

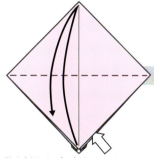

7 さらに上の1枚を折る。裏返す。

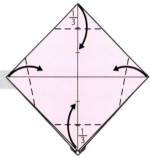

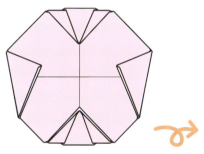

8 上の1枚を折り上げ、折りすじをつける。

9 左右の角と上下の角を、図のように折る。

10 9の折り目をしっかりつけて、裏返す。

できあがり

アレンジ

ハロウィンのかぼちゃかざりをつくろう

　できあがったかぼちゃに、ペンなどで三角の目と鼻、大きな口をかきましょう。
　さらに、黒い折り紙を左の図のような帽子の形に切り取ります。かぼちゃの上にのりではると、ハロウィンのかざりができあがります。

季節

063

季節

キャンドル ● CANDLE

折り方のコツ 底の部分は、上よりも少し短くなるように折ると、見栄えがよくなります。下の辺を折るときに調整しましょう。

| 紙のサイズ | 15cm×15cm

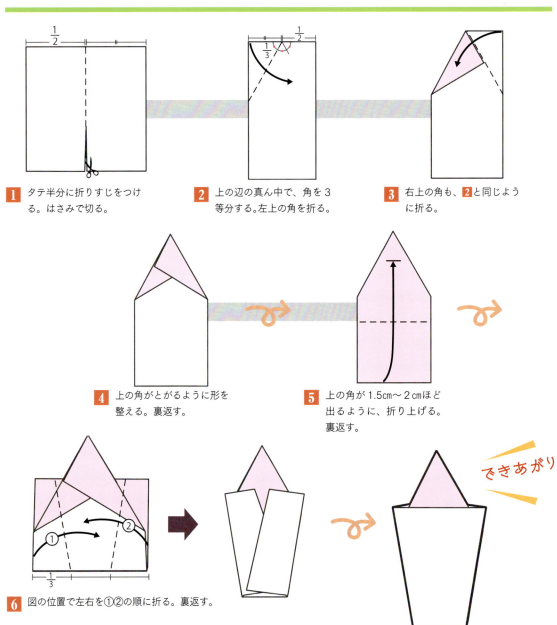

1 タテ半分に折りすじをつける。はさみで切る。

2 上の辺の真ん中で、角を3等分する。左上の角を折る。

3 右上の角も、2と同じように折る。

4 上の角がとがるように形を整える。裏返す。

5 上の角が1.5cm〜2cmほど出るように、折り上げる。裏返す。

6 図の位置で左右を①②の順に折る。裏返す。

できあがり

星 ● STAR

折り方のコツ いちばん最後に左右に強く引くと、きれいな星の形に開きます。糸でつるして七夕かざりにしましょう。

| 紙のサイズ | 15cm ×15cm

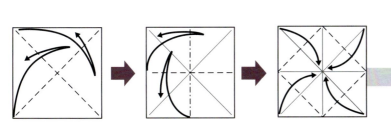

1 タテ半分と横半分に折り、折りすじをつける。つぎに図のように折りすじをつける。さらに、4つの角を中心に合わせるように折る。

2 左右の角と下の角を、図のように折る。

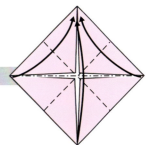

左右の角を山折りしてつまみ、下の角はそのまま上に寄せる。

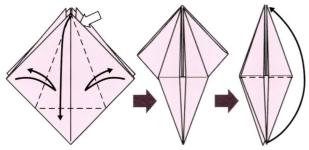

3 左右に折りすじをつけてもどし、図のように左右を開きながら、上の1枚を折り上げる。裏も同じように折る。つぎに上の1枚だけ、下の角を折り上げる。

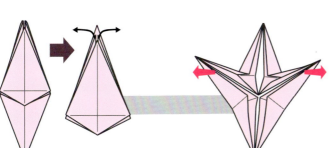

4 裏も、3と同じように折る。図の部分を左右に引く。

5 さらに引くと、図のように全体がぱっと開く。底を平らにする。

できあがり

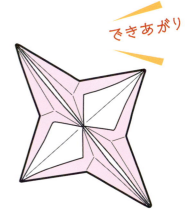

季節

ツリー ●TREE

折り方のコツ 折り目をすべて開いて裏返しにし、それから折り直す工程があります。間違えないように注意しましょう。

|紙のサイズ| 15㎝×15㎝

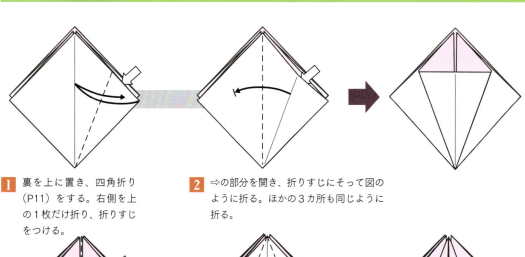

1. 裏を上に置き、四角折り（P11）をする。右側を上の1枚だけ折り、折りすじをつける。

2. ⇨の部分を開き、折りすじにそって図のように折る。ほかの3カ所も同じように折る。

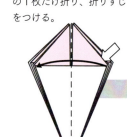 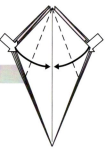 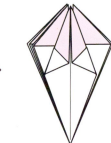

3. 上の1枚を図のように折る。

4. 左右の角を折りすじに合わせて折る。ほかの3カ所も同じように折る。

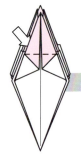 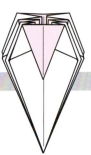 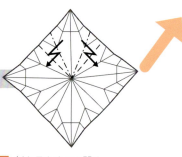

5. 上の1枚を図のように折り下げる。

6. ほかの3カ所も同じように折る。

7. 折り目をすべて開く。

季節

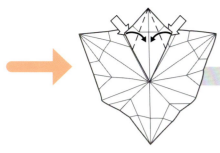 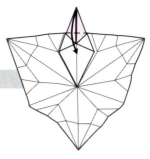

8 裏を上に置き、折りすじにそって図のように折る。

9 上の角を図の位置で折り下げる。

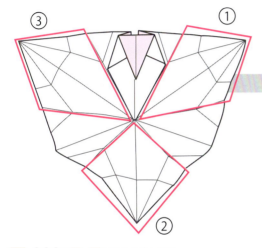 

10 ①②③も **7**～**9** と同じように折る。

11 形を整えて、向きを変える。

できあがり

アレンジ

かざりをつけて豪華なツリーに

大き目の紙でツリーをつくり、キャンドル（P64）や星（P65）をかざりましょう。とても豪華になります。

ホワイトクリスマスのツリー

白い画用紙で3～5個つくり、窓辺やかざり棚に置きましょう。シンプルで、オシャレなクリスマスのかざりになります。

季節

天使のハート
● HEART OF THE ANGEL

折り方のコツ ハートの形がポイントです。両角を小さく折れば丸いハートに、大きく折ればシャープなハートになります。

| 紙のサイズ | 15cm × 7.5cm（ハート）　15cm × 15cm（羽）

原案／フランシス・オウ　　アレンジ／冨田登志江

〈ハート〉

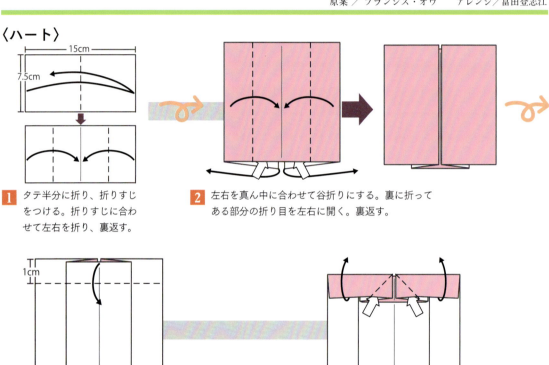

1 タテ半分に折り、折りすじをつける。折りすじに合わせて左右を折り、裏返す。

2 左右を真ん中に合わせて谷折りにする。裏に折ってある部分の折り目を左右に開く。裏返す。

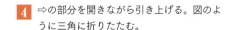

3 上から1cmのところで折り下げる。

4 ⇨の部分を開きながら引き上げる。図のように三角に折りたたむ。

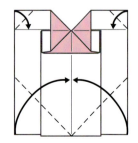

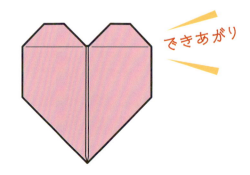

5 下の左右の角を、折りすじに合わせて折る。上の角は5mmほど折る。裏返す。

できあがり

〈羽〉

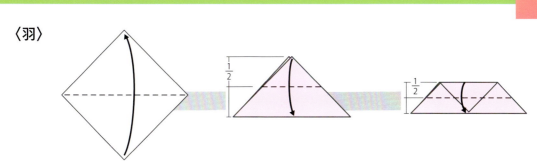

6 横半分に折る。

7 さらに横半分に折る。

8 もう一度、横半分に折る。折り目をすべて開く。

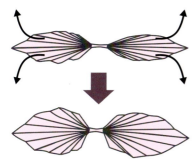

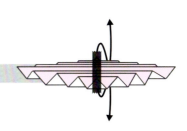

9 下から折りすじを山折りし、折りすじと折りすじの間を谷折りしてじゃばらに折る。

10 真ん中をセロハンテープでしっかりとめる。

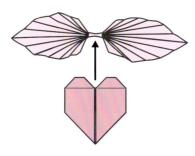

11 左右のじゃばらになっている部分を広げる。

できあがり

12 羽の真ん中に両面テープをはり、ハートをつける。

できあがり

069

サンタ ●SANTA CLAUS

 折る位置が微妙にずれると、顔や袋の形に見えなくなってしまいます。仕上がりを確認しながら折りましょう。

|紙のサイズ| 15cm×15cm　　　　原案／ウエルスニック・バウア

1 左下の●と、上の辺の●を合わせるように折る。裏返す。

2 左の●を右の●に合わせて折る。裏返す。

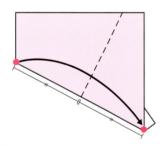

できあがり

アレンジ

ツリーやリースにつけてかざる

小さめの紙でサンタをつくり、ひもでツリーやリースに吊るしましょう。クリスマスがより楽しい雰囲気に。

パート3

使える
おりがみ

ブックカバー ● BOOK COVER

 表紙の折り目がアクセントになっています。本の厚さに合わせて、左右の折り目の幅を調整しましょう。

|紙のサイズ| 33cm × 20cm（文庫本サイズ）の和紙

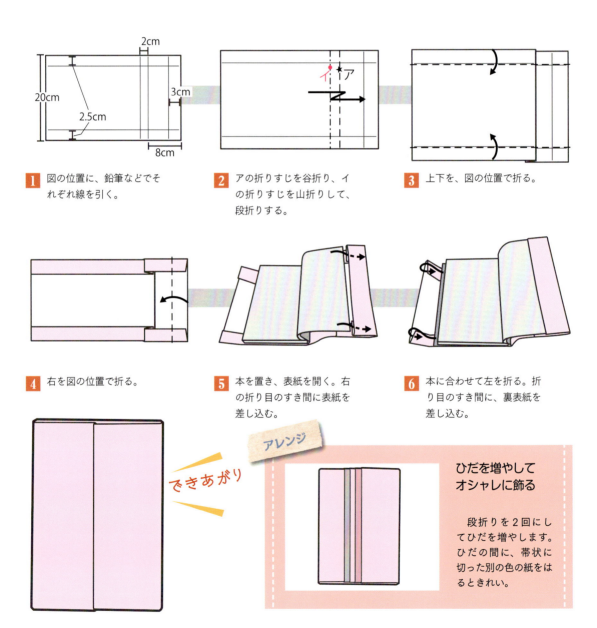

1 図の位置に、鉛筆などでそれぞれ線を引く。

2 アの折りすじを谷折り、イの折りすじを山折りして、段折りする。

3 上下を、図の位置で折る。

4 右を図の位置で折る。

5 本を置き、表紙を開く。右の折り目のすき間に表紙を差し込む。

6 本に合わせて左を折る。折り目のすき間に、裏表紙を差し込む。

できあがり

アレンジ

ひだを増やしてオシャレに飾る

段折りを2回にしてひだを増やします。ひだの間に、帯状に切った別の色の紙をはるときれい。

使える

写真立て ● PICTURE FRAME

折り方のコツ 写真をきちんと差し込めるようにするには、最初に折りすじの寸法を正確にとるようにしましょう。

| 紙のサイズ | 15cm × 32cm（和紙）

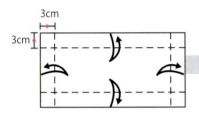

1 上下左右の辺から3cm内側に折り、折りすじをつける。

2 4つの角を、図のように折る。

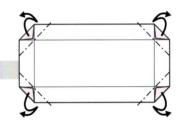

3 さらに4つの角を山折りして、折りすじをつける。

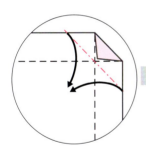

4 3の折りすじに合わせて山折りしながら、図のように折りたたむ。

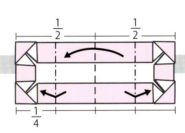

5 タテ半分に折り、さらに1/4のところで山折りする。

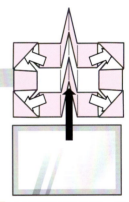

6 ⇒の部分を開きながら、写真の角を差し込む。

できあがり

小さな封筒 ● SMALL ENVELOPE

 部分折りで一部にだけ印をつけるので、折りすじが目立たないのが特徴です。ちょっとした手紙に使いましょう。

| 紙のサイズ | 29.5cm × 21cm（和紙）

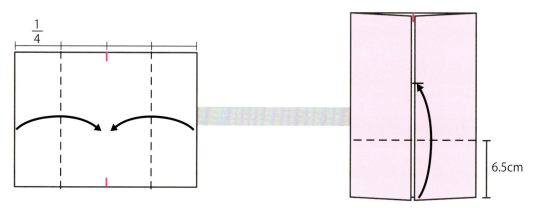

1. タテ半分に軽く折り、図の位置に印をつける。真ん中に合わせて左右を折る。

2. 下から6.5cmのところで折り上げる。

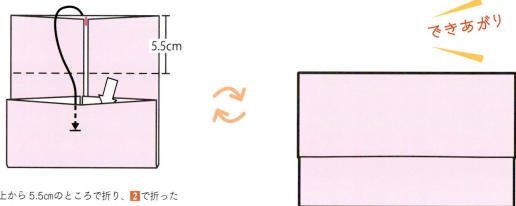

3. 上から5.5cmのところで折り、2で折ったすき間に差し込む。向きを変える。

できあがり

> 使える

封筒　●ENVELOPE

折り方のコツ 一般的な定型サイズの封筒ですので、角の折り目の寸法を正しく測ってから折るようにしましょう。

| 紙のサイズ | 45cm × 26cm（和紙）

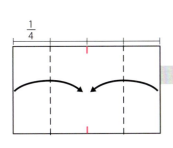

1 タテ半分に軽く折り、図の位置に印をつけ、真ん中に合わせる。左右を折る。

2 上の左右の角を、図の位置で折る。

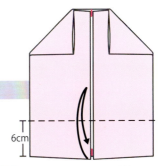

3 下から6cmのところで折りすじをつける。

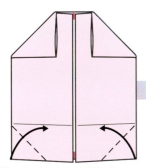

4 下の左右の角を **3** の折りすじに合わせるように折る。

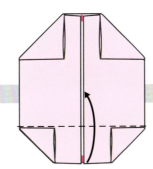

5 図の位置で折り上げる。

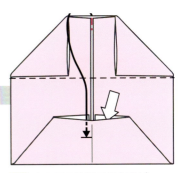

6 上の図の位置で折り下げて、**5** で折ったすき間に差し込む。

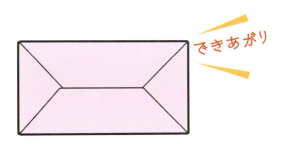

できあがり

075

使える

ペントレイ ● PEN TRAY

 折り方のコツ

最後に箱の形にするとき、かんたんに折れるよう、斜めの折りすじを強めにつけるとよいでしょう。

| 紙のサイズ | 20cm × 30cm（和紙）

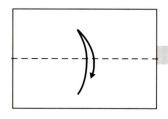

1 横半分に折り、折りすじをつける。

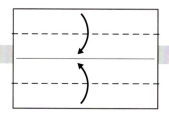

2 上下を折りすじに合わせて折る。

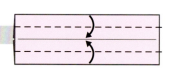

3 もう一度、上下を折りすじに合わせて折る。

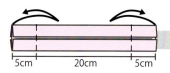

4 左右をそれぞれ5cmのところで折り、折りすじをつける。

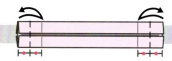

5 左右を4でつけた折りすじに合わせて折り、折りすじをつける。

6 図のように、谷折りして折りすじをつける。

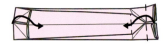

7 3で折った上下を開いて立てる。左右のふちを、折りすじにそって箱の内側に折り込む。

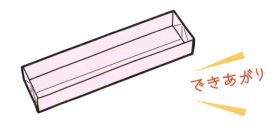

できあがり

コースター ●COASTER

コップを置けるように、底をひし形に整えましょう。和紙や千代紙でつくれば、おもてなしにもぴったりです。

| 紙のサイズ | 15cm×15cm（和紙）

使える

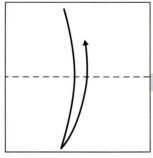

1 横半分に折り、折りすじをつける。

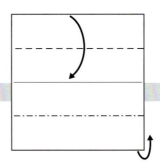

2 折りすじに合わせて上を谷折りに、下を山折りにする。

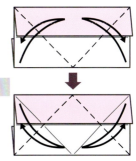

3 4つの角をそれぞれ図のように折り、折りすじをつける。

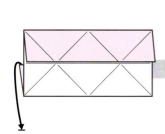

4 2で山折りした部分を元にもどす。

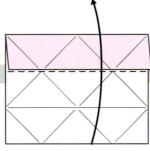

5 下を図の位置で折り上げる。

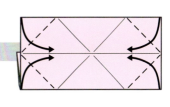

6 4つの角を図のように折る。

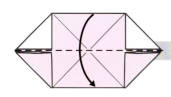

7 横半分に折る。

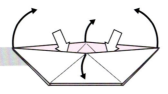

8 すき間を開いて、折りすじにそって立てる。底が平らになるように形を整える。

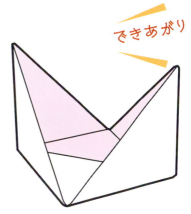

できあがり

077

| 使える |

のし ●NOSHI DECORATION

あらかじめ画用紙で芯をつくってから折ると、細かい折り目も左右対称に美しく折ることができます。

|紙のサイズ| 本体：4㎝×4㎝
別紙A：0.2cm×6.3cm
別紙B：0.2cm×4cm

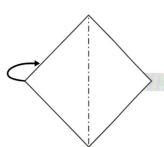

1 タテ半分に山折りする。

2 右の角を図の位置で折る。

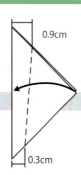

3 左の角を右の辺に合わせるように折る。

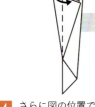

4 さらに図の位置で折る。折り目をすべて開く。

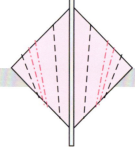

5 真ん中に別紙Aをのりではる。折りすじにそって図のように折る。

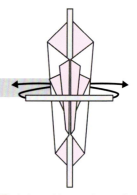

6 中央に別紙Bを巻き、裏をのりでとめる。

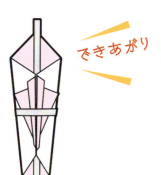

できあがり

アレンジ

白い封筒に
はり、祝儀袋に

P79の祝儀袋にはるほか、お年玉や入学祝などの封筒にもはって使えます。

078

使える

祝儀袋
● SPECIAL ENVELOPE FOR MONETARY GIFTS

折り方のコツ 裏側に折った上端に下端をかぶせるようにします。不祝儀の場合は下端に上端をかぶせるので注意しましょう。

| 紙のサイズ | 35cm × 40cm（和紙）　25cm × 25cm（内紙）※紙幣に合わせて三つ折り

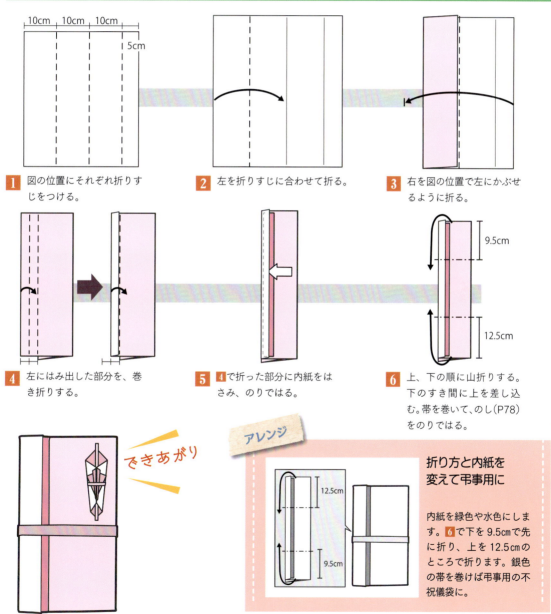

1. 図の位置にそれぞれ折りすじをつける。
2. 左を折りすじに合わせて折る。
3. 右を図の位置で左にかぶせるように折る。
4. 左にはみ出した部分を、巻き折りする。
5. 4で折った部分に内紙をはさみ、のりではる。
6. 上、下の順に山折りする。下のすき間に上を差し込む。帯を巻いて、のし（P78）をのりではる。

できあがり

アレンジ

折り方と内紙を変えて弔事用に

内紙を緑色や水色にします。6で下を9.5cmで先に折り、上を12.5cmのところで折ります。銀色の帯を巻けば弔事用の不祝儀袋に。

使える

箸置き ● CHOPSTICK REST

折り方のコツ：箸を置く部分の折り目を角ばるように強めにつけると、全体の形が整えやすくなって便利です。

|紙のサイズ| 9cm × 9cm（和紙）

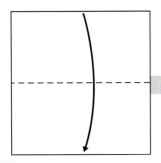

1 横半分に折る。

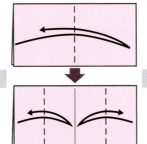

2 タテ半分に折って、折りすじをつける。左右を折りすじに合わせて折り、折りすじをつける。

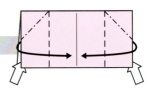

3 上の左右の角を、2の折りすじに合わせて三角にたたむ。

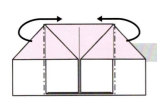

4 図のように山折りする。

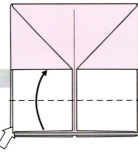

5 上の1枚を、図のように折り上げる。

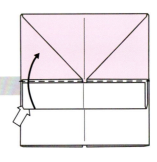

6 もう一度、折り上げる。裏返して同じように折る。

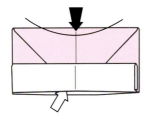

7 下を開く。上を指でつぶし、弓なりにして形を整える。

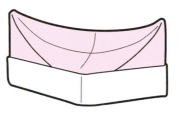

できあがり

箸袋 ● CHOPSTICK ENVELOPE

折り方のコツ 左右の端をぴったりと重ねて、美しく仕上げましょう。そのためにも、三つ折りにするときはきちんと3等分に。

|紙のサイズ| 13.5cm × 18cm（和紙）

1 図のように折り、3等分の折りすじをつける。

2 上の左右の角を折りすじに合わせるように折る。

3 左を折りすじに合わせて折る。

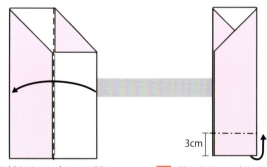

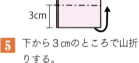

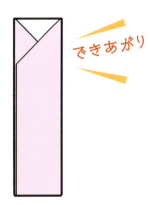

できあがり

4 右を折りすじに合わせて折る。

5 下から3cmのところで山折りする。

アレンジ

おもてなし用・お正月用の箸袋にも

1で赤と白の和紙を3mm〜5mmずらして重ねて折ります。すると、縁が紅白になり、お祝いの席にぴったりの箸袋に。のし（P78）を右上にのりづけし、真ん中に金色の帯や金銀の水引きをまくと、お正月の祝い箸用になります。

千代紙を外側にして、内側に色紙を使うと、おもてなし用にぴったり。

使える

お祝い用箸袋
● CONGRATULATORY CHOPSTICK ENVELOPE

 のしの部分は、とても細かく折っていく作業になります。指先でしっかりと折り目をつけていきましょう。

|紙のサイズ| 20cm × 20cm（和紙）

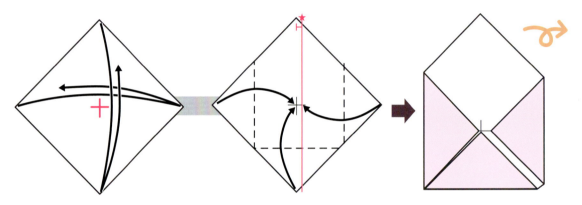

1 タテ半分と横半分に軽く折って、中心に印をつける。

2 左と下を中心に合わせて折る。右は中心より1.4cmほど手前で折る。裏返す。

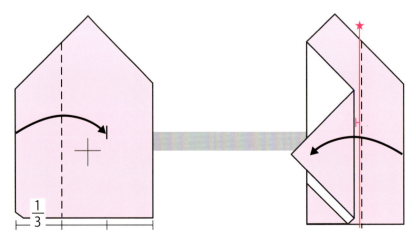

3 左から1/3のところで折る。左端の三角の部分はそのままにして折らない。

4 右を1/3から7mmほど右のところで折る。三角の部分はそのままにして折らない。

使える

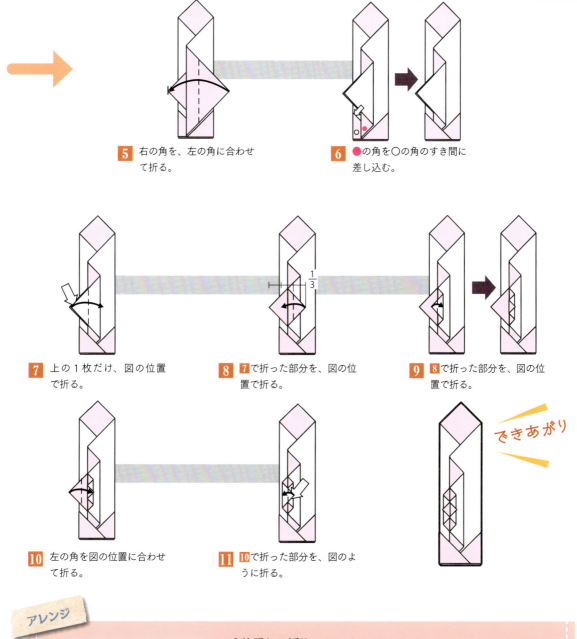

5 右の角を、左の角に合わせて折る。

6 ●の角を○の角のすき間に差し込む。

7 上の1枚だけ、図の位置で折る。

8 7で折った部分を、図の位置で折る。

9 8で折った部分を、図の位置で折る。

できあがり

10 左の角を図の位置に合わせて折る。

11 10で折った部分を、図のように折る。

アレンジ

2枚重ねて折り、松葉やかざり楊枝でかざる

　金と銀色、赤と金色などの2枚重ねで折ると、よりいっそう華やかなお祝い用箸袋になります。
　さらに、三角に折り返した部分がポケットになるので、ここに松葉や短く切ってまとめた紅白の水引きなどを差し込みましょう。
　また、つまようじの頭に小さい折り鶴をつけて差しむと、お祝いの席がぐんと豪華になります。

| 使える |

ぽち袋 ● PETITE ENVELOPE

折り方のコツ 鶴の部分は、いっけん細かくてつくるのが難しそうですが、折り方はふつうの折り鶴とほとんど同じです。

|紙のサイズ| 14cm × 30cm（和紙）

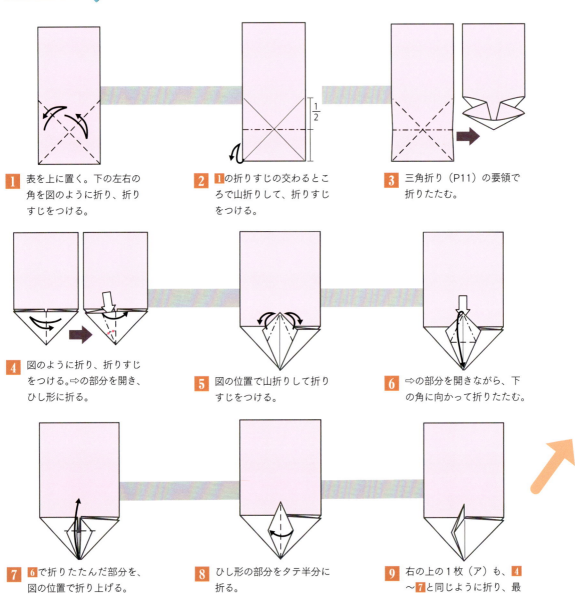

1 表を上に置く。下の左右の角を図のように折り、折りすじをつける。

2 1の折りすじの交わるところで山折りして、折りすじをつける。

3 三角折り（P11）の要領で折りたたむ。

4 図のように折り、折りすじをつける。⇨の部分を開き、ひし形に折る。

5 図の位置で山折りして折りすじをつける。

6 ⇨の部分を開きながら、下の角に向かって折りたたむ。

7 6で折りたたんだ部分を、図の位置で折り上げる。

8 ひし形の部分をタテ半分に折る。

9 右の上の1枚（ア）も、4〜7と同じように折り、最後は右にタテ半分に折る。

使える

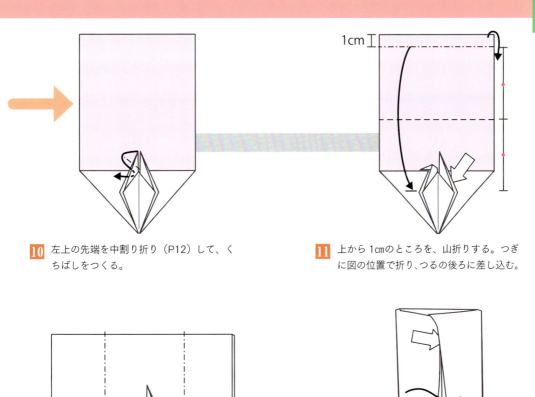

10 左上の先端を中割り折り（P12）して、くちばしをつくる。

11 上から1cmのところを、山折りする。つぎに図の位置で折り、つるの後ろに差し込む。

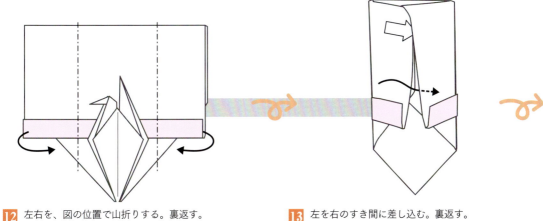

12 左右を、図の位置で山折りする。裏返す。

13 左を右のすき間に差し込む。裏返す。

できあがり

アレンジ

うさぎやいぬも！動物のぽち袋

下の角を2cmのところで裏側に折り、顔を目、鼻、口をかくとうさぎに。さらに、両耳を山折りするといぬになります。

使える

カードケース ● CARD CASE

 折り方のコツ

複数のカードを収めることができる、2ポケットタイプです。厚めのしっかりした紙でつくるとよいでしょう。

| 紙のサイズ | 26cm × 22cm（和紙）

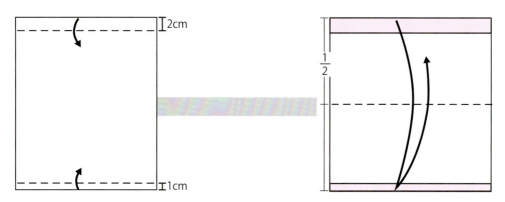

1 上を2cm、下を1cmのところで折る。

2 横半分に折り、折りすじをつける。

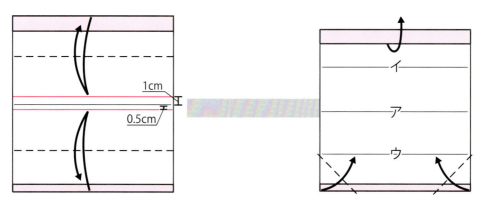

3 折りすじから上は1cm、下は5mmのところに合わせて折り、折りすじをつける。

4 下の左右の角をウの折りすじに合わせて折る。上の折り目を開く。

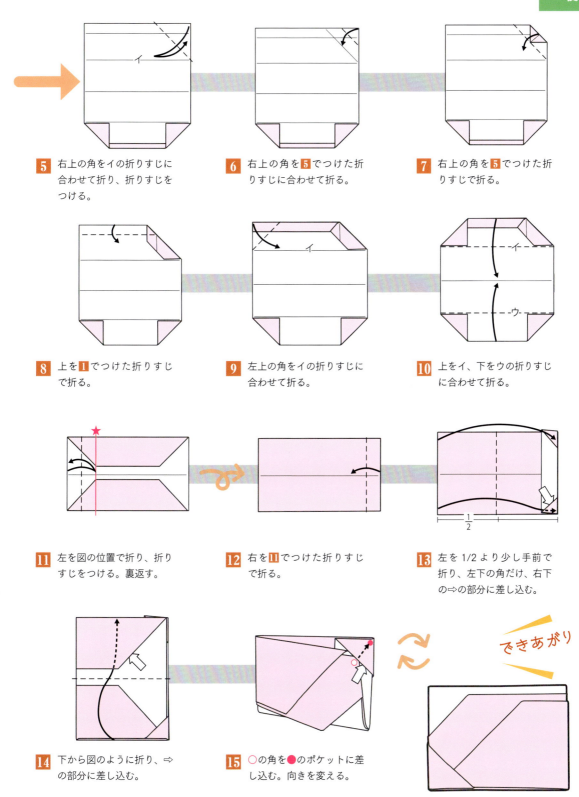

使える

ティッシュケース ● TISSUE CASE

 折り目の寸法を正しく測ってつくるために、ポケットティッシュを事前に用意してから折り始めましょう。

|紙のサイズ| 23cm × 23cm（和紙）

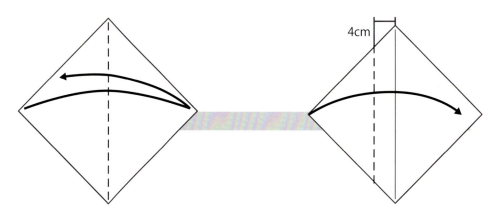

1 タテ半分に折り、折りすじをつける。

2 折りすじから左に4cmのところで折る。

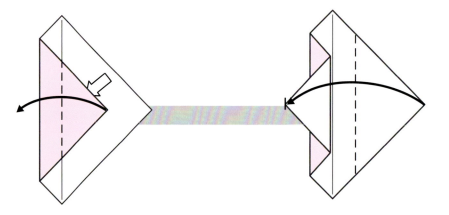

3 上の1枚を図の位置で、折り返す。

4 右の角を左の角に合わせて折る。

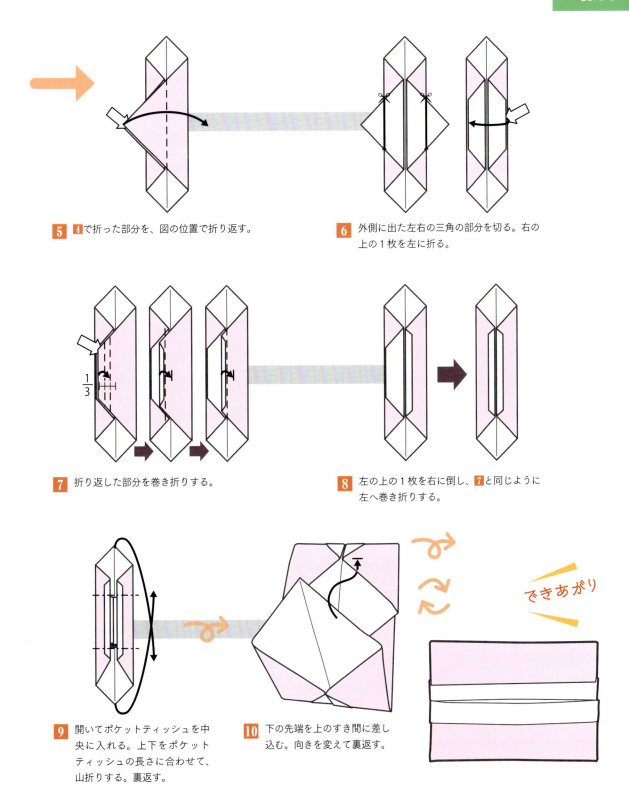

使える

菓子鉢
● BOWL FOR CONFECTIONERIES

折り方のコツ 4つの面で同じような折り方をくり返します。差し込み部をきちんと折って、底をきれいな四角形にしましょう。

| 紙のサイズ | 20cm × 20cm（和紙）

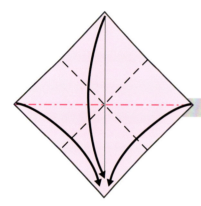

1 下の角にほかの3つの角を合わせて四角折り（P11）する。

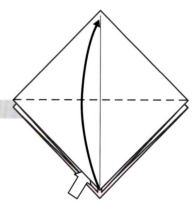

2 上の1枚を、横半分に折り上げる。裏も同じように折る。

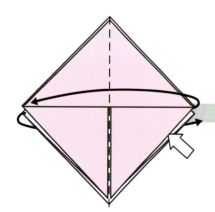

3 右の上の1枚を左に折り、**2**と同じように折る。裏も同じように折る。

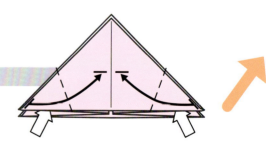

4 上の1枚だけ、左右の角を図のように折る。

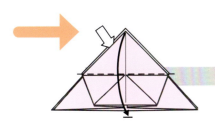

5 上の1枚だけ、図のように折り上げる。

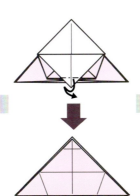

6 下にはみ出した三角を山折りにして、折りすじをつけたら、4の形にもどす。裏も同じように折る。

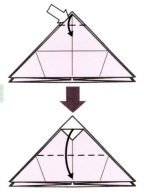

7 上の1枚だけ、図のように折り下げる。

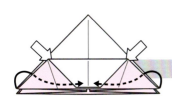

8 ⇨の部分を開き、中割り折り（P12）してたたむ。裏も4～8と同じように折る。

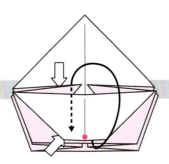

9 ●を8で中割り折りした部分にかぶせるようにして、折り込む。

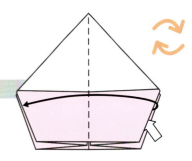

10 上の1枚を左に折る。上の角を上の1枚だけ5、6、7、9と同じように折る。裏も同じように折る。向きを変える。

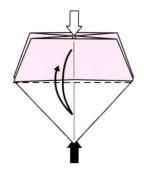

11 図の位置で折り、折りすじをつける。⇨の部分を開き、底を四角く整える。

できあがり

使える

舟の菓子入れ
● BOWL SHAPED LIKE A BOAT

折り方のコツ 全体をひっくり返すときは、底の左右を押し上げるようにして、端をゆっくりと返すとうまくいきます。

|紙のサイズ| 25㎝ × 12.5㎝（和紙）

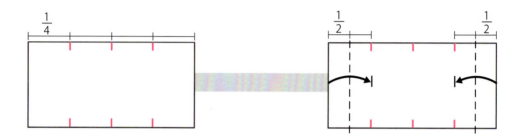

1 図の位置に印をつける。

2 左右の辺を、**1**でつけた1/4の印に合わせて折る。

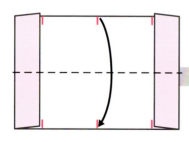

3 横半分に折る。

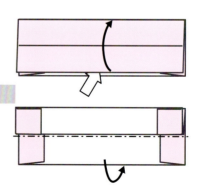

4 上の1枚を、さらに横半分に折る。下の1枚は山折りする。

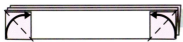

5 上の1枚を図のように折る。裏も同じように折る。

6 上の1枚を図のように折る。裏も同じように折る。

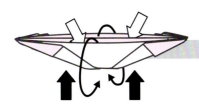

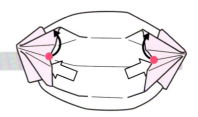

7 ⇨の部分を開きながら、底の角を押し上げて、全体をひっくり返す。

8 左右の●を、引き上げて、舟の形に整える。

できあがり

アレンジ

持ち手をつけて かご型の菓子入れ

折り紙やリボンで持ち手をつけると、かわいいかごに。入れたお菓子を、お土産に持って帰ってもらうこともできて便利です。

使える

鶴のメモスタンド
● CARD HOLDER SHAPED LIKE A CLANE

 羽と羽のあいだにメモカードをはさみます。そのため羽は少し開く程度にし、広げすぎないようにしましょう。

|紙のサイズ| 18cm×18cm（和紙）

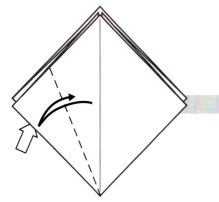

1 裏を上に置き、四角折り（P11）する。左の上の1枚を合わせて折り、折りすじをつける。

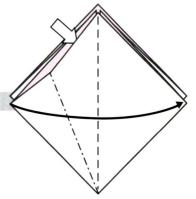

2 左の角の上の1枚を図のように折りたたむ。

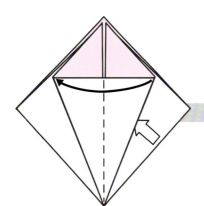

3 右の上の1枚を図のように左に折る。

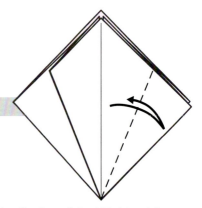

4 右の角の上の1枚を、折りすじに合わせて折り、折りすじをつける。

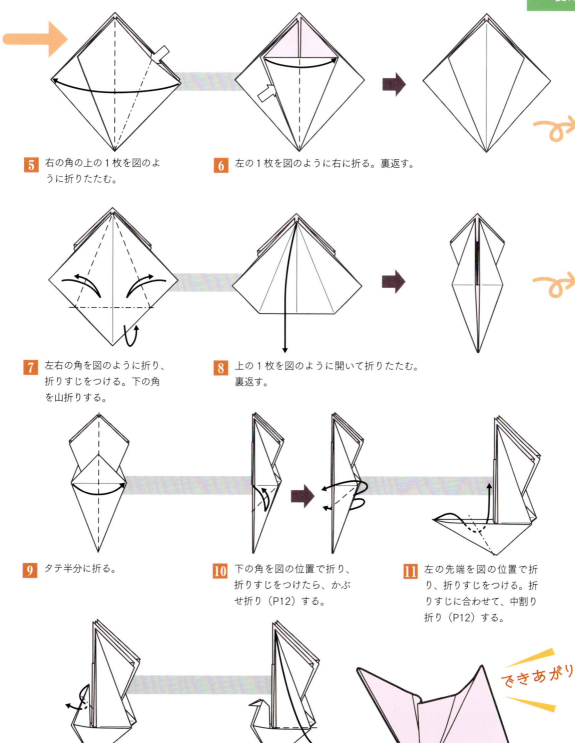

指輪 ●RING

 リングの部分を開くときは丸く輪の形に、宝石台の部分は四角形に折ると、指輪らしくきれいに仕上がります。

|紙のサイズ| 4cm × 9cm

原案／田中雅子

1 表を上に置く。横半分に折り、折りすじをつける。

2 折りすじに合わせて、上下を折り、折りすじをつける。

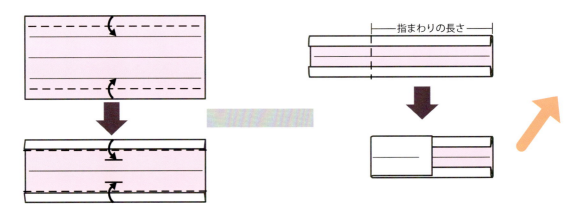

3 2でつけた折りすじに合わせて上下を折る。さらに、2の折りすじで、上下を折る。

4 左を図の位置で折る。

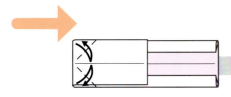

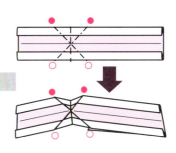

5 左の上下の角を図のように折り、折りすじをつける。

6 ●と●、○と○を合わせるように折りたたむ。

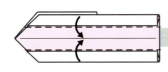

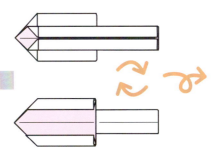

7 上の1枚だけ、上下を真ん中に合わせて折る。

8 向きを変えて裏返す。

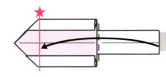

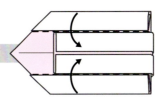

9 右を図の位置で折る。

10 上下を図の位置で折り、真ん中に合わせる。

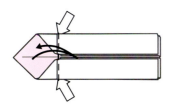

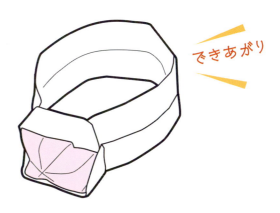

11 左を図の位置で折り、折りすじをつける。
⇨の部分を開き、輪にする。

めんこ ● MENKO

折り方のコツ いちばん最後に折る左の角をしっかりと谷折りしてから差し込めば、きれいな三角形の模様にできます。

|紙のサイズ| 15cm×15cm（2枚）

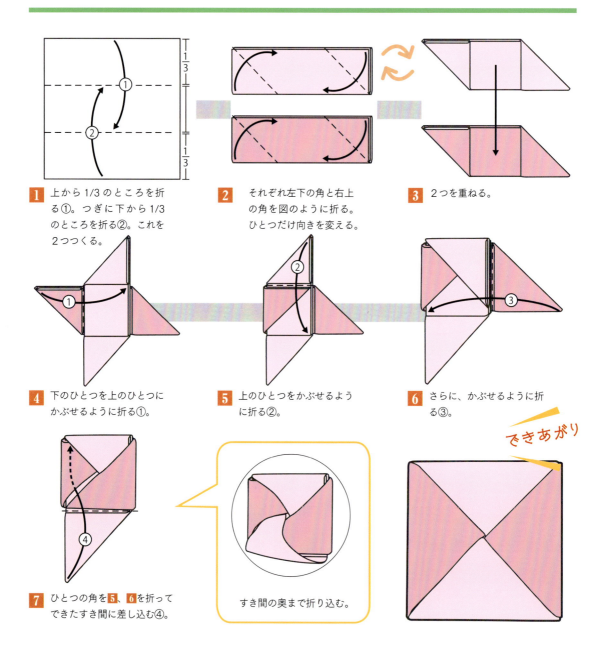

1 上から1/3のところを折る①。つぎに下から1/3のところを折る②。これを2つつくる。

2 それぞれ左下の角と右上の角を図のように折る。ひとつだけ向きを変える。

3 2つを重ねる。

4 下のひとつを上のひとつにかぶせるように折る①。

5 上のひとつをかぶせるように折る②。

6 さらに、かぶせるように折る③。

7 ひとつの角を5、6を折ってできたすき間に差し込む④。

すき間の奥まで折り込む。

できあがり

パート4

立体おりがみ

立体

カタツムリ ●SNAIL

折り方のコツ からをつくるときは、折り目をつまんでそれぞれを四方にゆっくりと引っ張れば丸くふくらますことができます。

|紙のサイズ| 15cm × 15cm

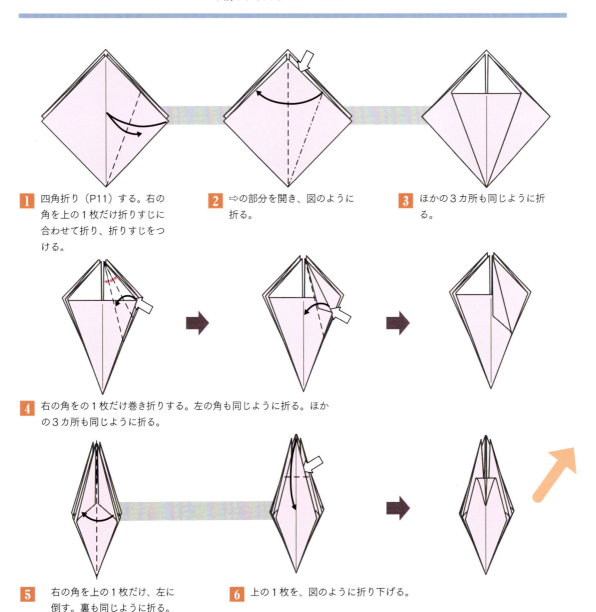

1 四角折り（P11）する。右の角を上の1枚だけ折りすじに合わせて折り、折りすじをつける。

2 ⇨の部分を開き、図のように折る。

3 ほかの3カ所も同じように折る。

4 右の角をの1枚だけ巻き折りする。左の角も同じように折る。ほかの3カ所も同じように折る。

5 右の角を上の1枚だけ、左に倒す。裏も同じように折る。

6 上の1枚を、図のように折り下げる。

立体

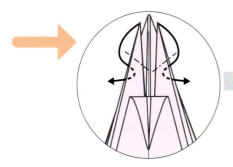

7 左右の角をそれぞれ、図のように中割り折り（P12）する。

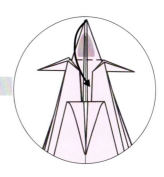

8 下の1枚の角を手前に折り、7 で折ったところにかぶせるようにのりではる。

9 6 で折り下げた部分を、8 で折ったところにかぶせるように折り上げる。先端の角を図のように折り、裏でのりづけする。

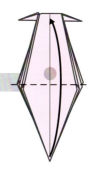

10 図の位置にのりをつけ、下の角を折り上げて、しっかりはりつける。

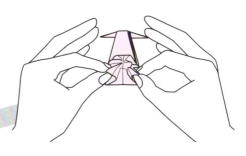

11 10 で折り上げた部分の折り目を矢印の方向に少しずつ引っ張りながら広げる。

12 ふくらみが丸くなるように、形を整える。

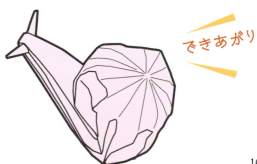

できあがり

101

立体

風船うさぎ ●BALLOON RABBIT

 耳を立てて開くと、よりうさぎらしくなります。半分ほどふくらませてから、形を整えましょう。

|紙のサイズ| 15cm×15cm

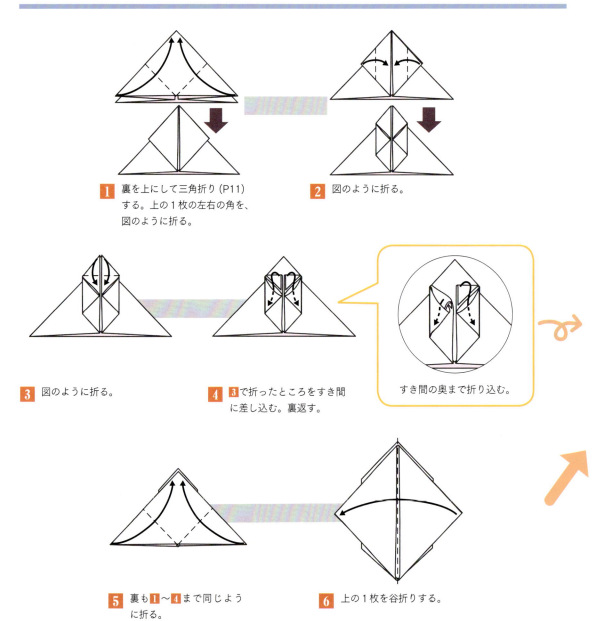

1 裏を上にして三角折り（P11）する。上の1枚の左右の角を、図のように折る。

2 図のように折る。

3 図のように折る。

4 3で折ったところをすき間に差し込む。裏返す。

すき間の奥まで折り込む。

5 裏も1～4まで同じように折る。

6 上の1枚を谷折りする。

立体

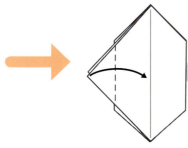

7 上の1枚を折りすじに合わせる。

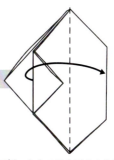

8 7で折ったところを図のように谷折りする。

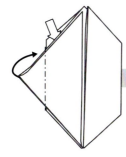

9 左の角を内側に山折りする。

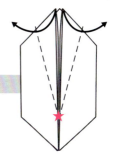

10 上の1枚を★を起点に、図のように折る。

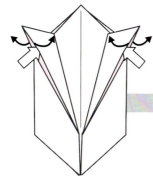

11 10で折った部分のすき間を広げる。

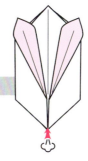

12 穴から勢いよく息を吹き込み、ふくらませる。

できあがり

103

立体

かめ ●TURTLE

 丸みをおびたこうらをうまく表現するために、両側からゆっくりと引っぱって丸く形を整えましょう。

|紙のサイズ| 15cm×15cm

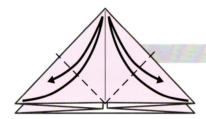

1 三角折り（P11）する。左右の角を折りすじに合わせて折り、折りすじをつける。

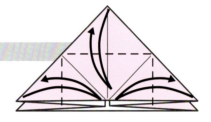

2 上の1枚だけ左右と上の角を図のように折り、折りすじをつける。

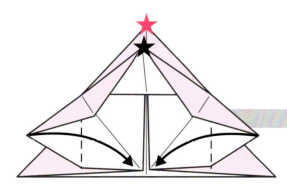

3 下のすき間を開き、下の辺★と上の角★を合わせ、図のように折りたたむ。

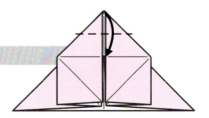

4 上の1枚だけ、上の角を折り下げる。

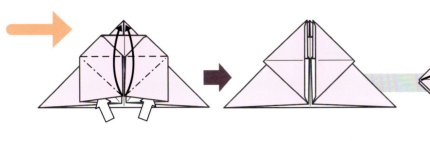
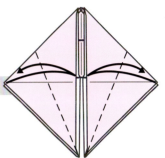

5 ⇨の部分を開いて、図のように折りたたむ。裏も同じように折る。

6 図のように折り、折りすじをつける。

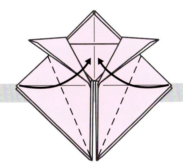
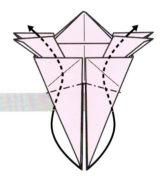

7 ●と○、◆と◇がそれぞれ合うように、折りすじに合わせて折る。

8 上の1枚だけ、左右の角を6の折りすじにそって折る。裏も同じように折る。

9 左右の下の角を中割り折り（P12）する。

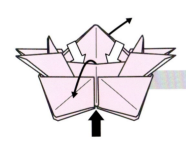
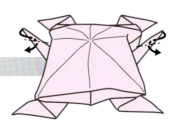

10 下から押しながら、⇨の部分を開く。つぎに左右をつまんで引き、形を整える。

11 図の位置で中割り折りして、頭としっぽをつくる。

立体

金魚 ●GOLDFISH

 腹の部分には、勢いよく息を吹き込みましょう。ふくらみが大きければ大きいほど、かわいい金魚になります。

| 紙のサイズ | 15cm×15cm

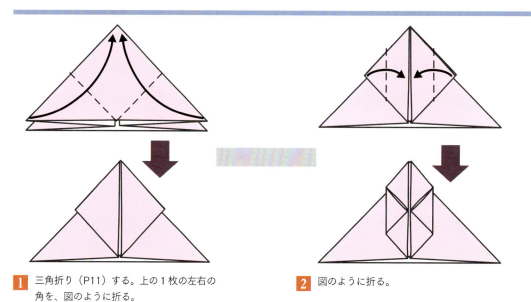

1 三角折り（P11）する。上の1枚の左右の角を、図のように折る。

2 図のように折る。

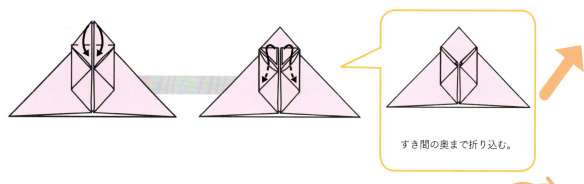

すき間の奥まで折り込む。

3 図のように折る。

4 3で折ったところをすき間に差し込む。裏返す。

106

立体

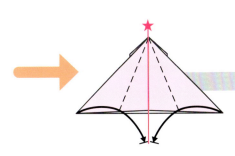

5 左右を図のように折る。

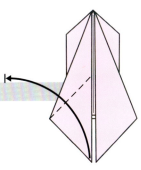

6 下の左の角だけ折り上げる。

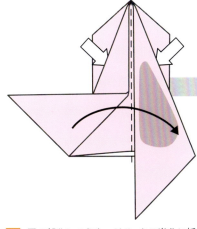

7 図の部分にのりをつける。タテ半分に折り、はり合わせる。

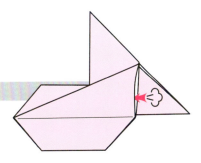

8 すき間にストローを入れて勢いよく息を吹き込み、ふくらませる。

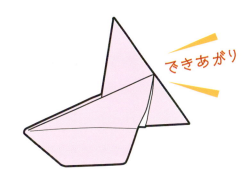

できあがり

アレンジ

しっぽを変えて
いろいろな金魚に

7で左の角を折り上げず、そのままタテ半分に折ってのりではり合わせます。すると、しっぽが垂れた金魚になります。

さらに、垂れたしっぽのすき間にストローを入れて勢いよく息を吹き込み、ふくらませましょう。これで、水をはらんで泳いでいるような金魚に見えます。

立体

くじら ● WHALE

折り方のコツ　ひれの向きがおかしいと、全体のバランスが悪くなってしまいます。左右の向きを確認して裏返しましょう。

|紙のサイズ|　15cm×15cm

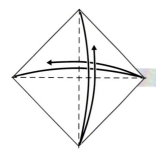

1　タテ半分と横半分に折り、折りすじをつける。

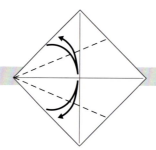

2　上下の角を折りすじに合わせて折り、折りすじをつける。

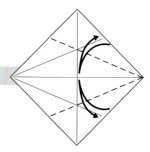

3　さらに 2 と逆の角も折りすじをつける。

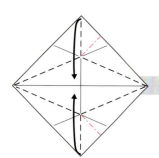

4　半分に折りながらつまみ、中心で合わせる。

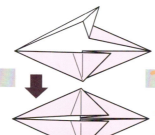

5　中心で合わせた角を、右に倒しながら折りたたむ。向きを変えて裏返す。

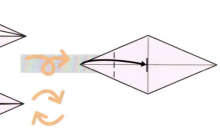

6　左の角を中心に合わせて折る。

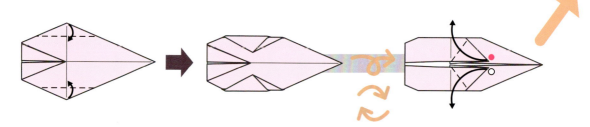

7　上下の角を1cmほど折る。3つの角の折り目をしっかりつける。向きを変えて裏返す。

8　●と○の角を図のように折る。

立体

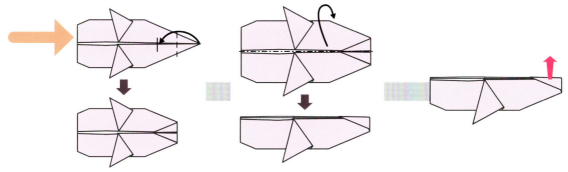

9 右の角を4cmほど折る。

10 横半分に山折りする。

11 9で折った部分を引き上げる。

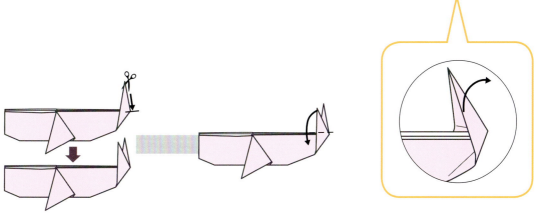

12 引き上げた部分を、図の位置まで切る。

13 上の1枚を図の位置で折る。下の1枚も同じように折る。

アレンジ

頭の形を変えてジュゴンにする

　6で折った左の角を先端から2cmのところで谷折りします。さらに先端から5mmほどのところを谷折りしましょう。あとは7〜13まで同じように最後まで折ります。
　頭の先端を少し下向きにすると、人魚伝説のモデルになったジュゴンのできあがりです。

できあがり

ティラノサウルス
● TYRANNOSAURUS REX

 恐竜らしく力強く見せるには、しっぽの角度が重要です。折るときに斜めに倒すようにするとよいでしょう。

|紙のサイズ| 15cm×15cm　　　　　　　　　　原案／渡部浩美

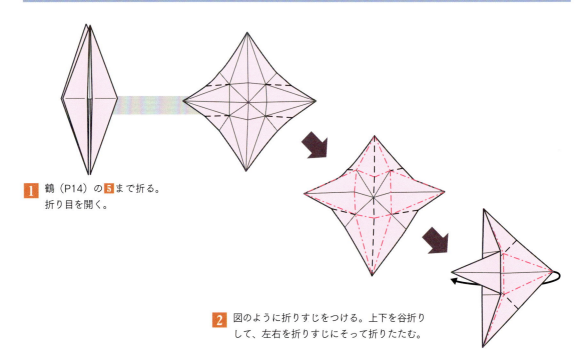

1. 鶴（P14）の **5** まで折る。折り目を開く。

2. 図のように折りすじをつける。上下を谷折りして、左右を折りすじにそって折りたたむ。

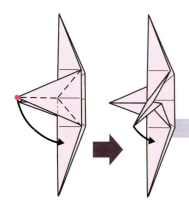 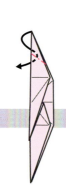 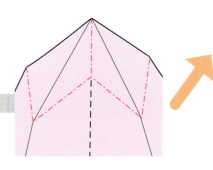

3. 図の位置を谷折りして●をつまみ、折り下げる。裏も同じように折る。

4. 上の角から4cmほどのところを山折りし、折りすじをつける。

5. 折りすじにそって、左右にひし形をつくるように折る。

立体

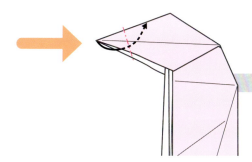
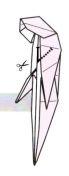

6 左の先端を中割り折り（P12）する。

7 図の位置を切る。

輪（山折り）の部分に、斜め上に向かって切り込みを入れる。

8 上の1枚を折り、引き出す。裏も同じように折る。

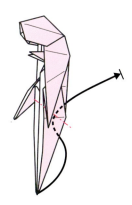

できあがり

9 下の角を、図の位置で中割り折りする。しっぽの先をかぶせ折り（P12）する。

111

プテラノドン ● PTERANODON

大きな翼とするどいくちばしを再現しましょう。くちばしは、指先や爪の先を使い、しっかり折ります。

|紙のサイズ| 15cm×15cm　　　　　　　　原案／冨田登志江

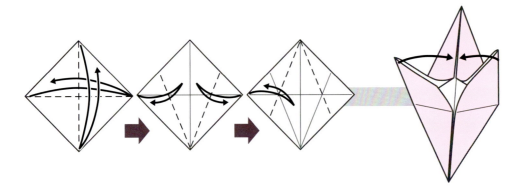

1 タテ半分と横半分に折りすじをつける。上下の角を真ん中の折りすじに合わせて折り、折りすじをつける。

2 左右の角をつまみ、中央で合わせる。

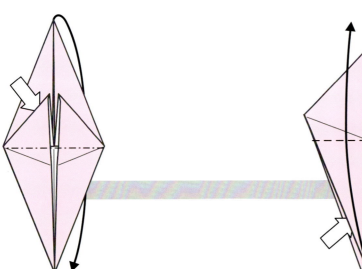

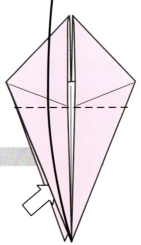

3 2でつまんだ部分はそのまま立てておき、横半分に山折りにする。

4 図の位置で、上の1枚を折り上げる。

立体

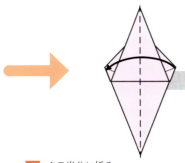

5 タテ半分に折る。

6 上の角を図のように左へ倒す。

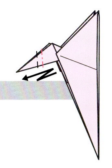

まず山折りで中割り折りして、さらに中割り折りすると折りやすい。

7 6で倒した部分を折りたたみ、図の位置で中割り折り（P12）する。

8 左の角を図の位置で段折りする。

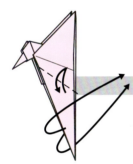
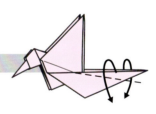

9 図の位置で折り、折りすじをつける。下の角を、折りすじにそってかぶせ折り（P12）する。

10 図の位置で折り、折りすじをつけて、かぶせ折りする。

できあがり

11 下の1枚のつばさを左上に引いて、上の1枚のつばさとの間を1.5cmほど開く。

113

立体

桜の器
● CONTAINER SHAPED LIKE A CHERRY BLOSSOMS

 同じ形の桜の花びらを5つつくり、のりではりつければ完成です。のりをつける位置に注意しましょう。

|紙のサイズ| 15cm×15cm　　原案／中野光枝　　アレンジ／冨田登志江

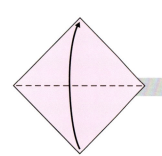

1　表を上に置く。横半分に折る。

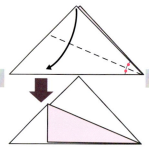

2　上の1枚を図のように折る。裏も同じように折る。

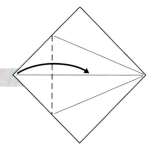

3　折り目を開き裏を上に置く。左の角を、図のように折る。

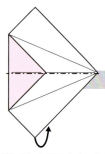

4　横半分に山折りする。向きを変える。

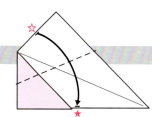

5　上の1枚を☆と★が合うように折る。裏も同じように折る。

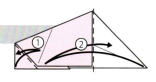

6　左下の角と右の角を図のように折り、折りすじをつける。

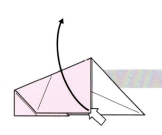

7　⇨の部分を開く。

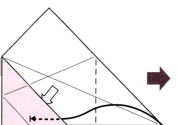

8　右の角を⇨の部分に差し込む。5の折りすじに合わせて図のように折る。

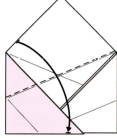

立体

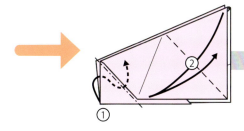 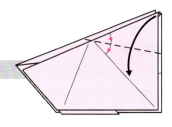

9 左下の角を中割り折り（P12）する①。右上の角を下を図のように折り、折りすじをつける②。

10 右上の角を、折りすじに合わせて折る。

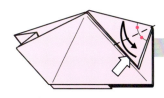 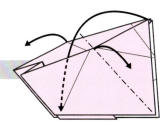

11 図の角を半分に折り、折りすじをつける。つぎに⇨の部分を開く。

12 左のすき間を開きながら、右側を図のように開く。左下に差し込んだ部分もはずす。

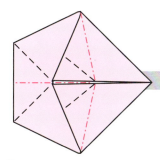 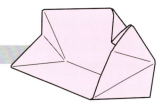

13 10と11でつけた折りすじを図のように折り、段折りにする。

14 真ん中の三角にとがった部分をつまんで、内側に折り込む。

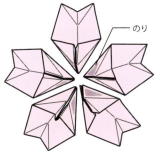 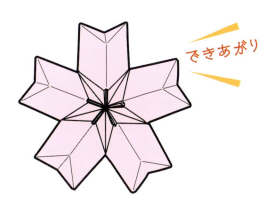

できあがり

15 同じものを5個つくり、図の位置をのりではりあわせる。

115

立体

ショートケーキ ● SHORT CAKE

折り方のコツ ケーキの土台の部分は、4面の寸法を正しくとることが重要です。きっちり4等分となるように折りましょう。

| 紙のサイズ | 15cm×15cm（ケーキ）
7cm×15cm（クリーム）
7.5cm×7.5cm（イチゴ）

原案／中島進

〈ケーキ〉

1 横半分に切る。

2 のりしろを1cmとり、2枚をはりつける。つぎに横半分に折り、折りすじをつける。

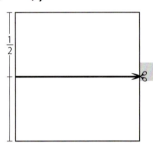

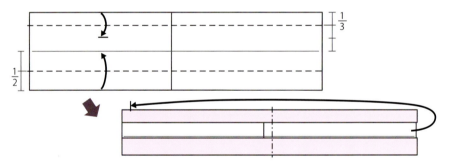

3 図の位置で折りすじに合わせて折る。つぎに、図の位置で山折りする。

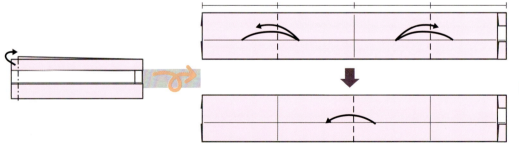

4 左のはみ出している部分を山折りする。横に開いて裏返す。

5 左右を中心に合わせて折り、折りすじをつける。つぎに、タテ半分に折る。

116

立体

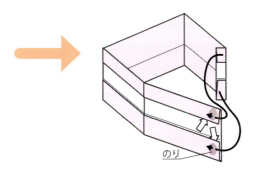

〈クリーム〉

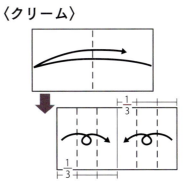

6 折り目を開き、図のように折る。つぎに、4 で折った部分を図の位置に差し込み、のりではる。土台のできあがり。

7 長方形の紙でクリームをつくる。タテ半分に折り、折りすじをつける。左右を図の位置で巻き折りする。

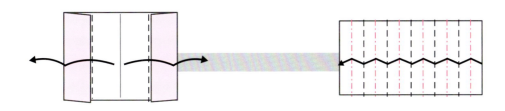

8 7 で巻き折りした部分を開く。

9 図のように、折りすじにそって右から左へ段折りする。

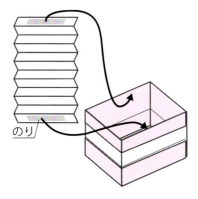

できあがり

10 9 にのりをつけて、6 の内側にはる。いちご（P179）をのせる。

117

立体

帽子 ●HAT

 いちばん最後に左右に引っ張ると、パッとつばが広がって帽子が現われるという、手品のような作品です。

|紙のサイズ| 15cm×15cm

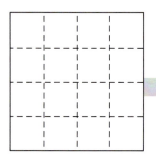

1 横半分に折り、さらに横半分に折り、折りすじをつける。タテにも同じように折り、折りすじをつける。

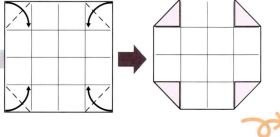

2 4つの角を図の位置で折る。裏返す。

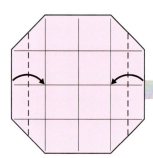

3 左右を図の位置で折る。

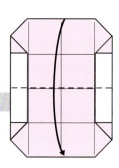

4 横半分に折る。

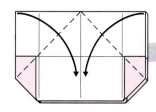

5 上の左右の角を真ん中の折りすじに合わせて折る。

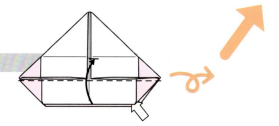

6 ⇨の部分を開き、上の1枚を折り上げる。裏も同じように折る。裏返す。

立 体

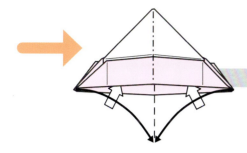
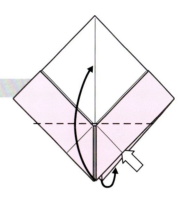

7 ⇨の部分を開き、左右の角を合わせるように折る。

8 下の角を上の1枚だけ折り上げる。裏も同じように折る。

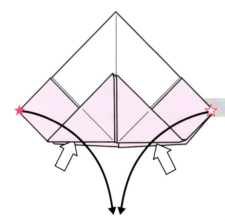
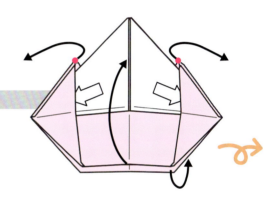

9 ⇨の部分を開き、★と☆を合わせるように折る。

10 左右の●を引きながら、図の位置で折る。裏返す。

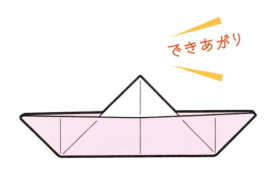

できあがり

アレンジ

新聞紙を切り取ればかぶれる帽子に

新聞紙や包装紙を1辺が60cm（頭の大きさに合わせて調整）の正方形に切って、折ってみましょう。本当にかぶれる帽子になります。

立体

ばら ●ROSE

 大小2つの花を組みあわせてつくります。外側と内側の花びらで、それぞれ折り方が違うので気をつけて。

|紙のサイズ| 15cm×15cm（外側）　7.5cm×7.5cm（内側）

〈外側〉

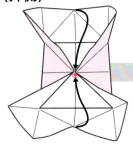

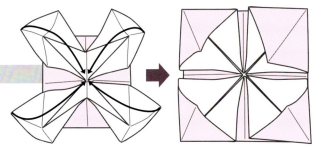

1 二そう舟（P16）の**6**まで折る。

2 4つの角を折り立てる。つぎに、図のように折りたたむ。

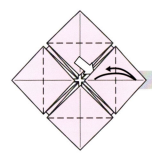

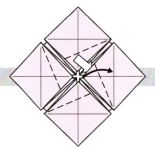

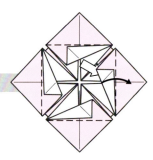

3 図のように折り、折りすじをつける。他の3カ所も同じように折りすじをつける。

4 折りすじに合わせて4つの角をそれぞれ折る。

5 **4**で折った部分を、さらに図のように折る。

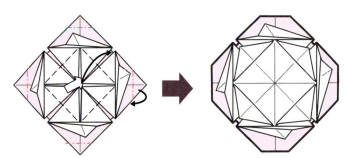

6 外側の4つの角を山折りする。内側の4カ所を折り立てる。

120

立体

〈内側〉

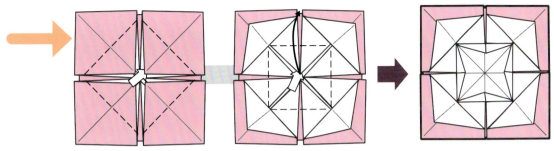

7 1/4の大きさに切った紙を、1〜3まで折る。

8 図の位置で折り立てる。内側の三角も折り立てる。

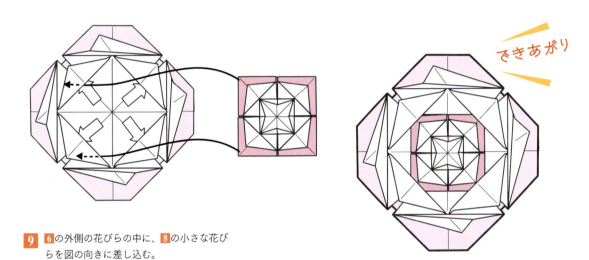

9 6の外側の花びらの中に、8の小さな花びらを図の向きに差し込む。

できあがり

アレンジ

ギフトボックスやリボンをかざろう

　贈り物用の箱のふたにのりや両面テープでばらをはると、豪華なギフトボックスになります。
　また、大きなプレゼントを袋に入れて、袋をしばるリボンにばらをつけると、オシャレで高級感が出ます。プレゼントで活用しましょう。

立体

カロライナジャスミン
● CAROLINA JASMINES

|折り方のコツ| 複雑な花びらの形を表わすために、何度も山折り、谷折りを繰り返します。折り目をきちんとつけましょう。

|紙のサイズ| 15㎝ ×15㎝

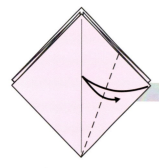

1 四角折り（P11）する。つぎに右の上の1枚を図のように折り、折りすじをつける。

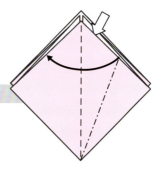

2 ⇨の部分を開いて、図のように折る。裏と左右も同じように折る。

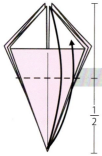

3 横半分に折り、折りすじをつける。

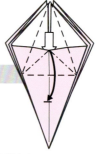

4 ⇨の部分を開きながら、図のように折り下げる。

5 ⇨の部分を開き、図のように折り上げる。裏と左右も、3〜5と同じように折る。

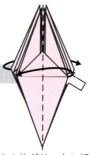

6 右の角を上の1枚だけ、左に折る。裏や左右も同じように折る。

立体

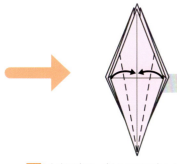
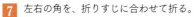

7 左右の角を、折りすじに合わせて折る。

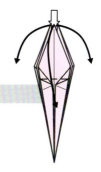

8 ⇨の部分を開き、図の位置で折り下げる。

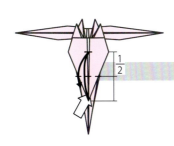

9 8で折り上げた先端を折り上げ、折りすじをつける。

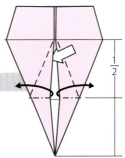

10 ⇨の部分を図のように開き、図のように折る。

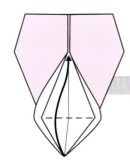

11 下の角を図のように折り上げる。

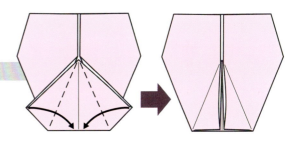

12 下の五角形の左右の角を折りすじに合わせて折る。他の3カ所も同じように折る。

できあがり

立体

チューリップ TULIP

折り方のコツ：六角形の形から四角折りをしますが、基本は普通の四角折りと同じ。左右の花びらの形を整えて折りましょう。

|紙のサイズ| 15cm×15cm　　　　　　　アレンジ／冨田登志江

〈花びら〉

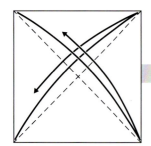

1 タテ半分と横半分に折り、折りすじをつける。裏返す。

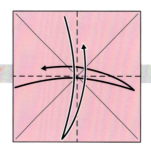

2 タテ半分と横半分に折り、折りすじをつける。

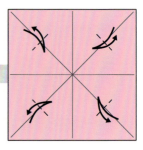

3 4つの角を軽く折り、折りすじをつける。

4 3の折りすじに合わせて折り、図のように折りすじをつける。

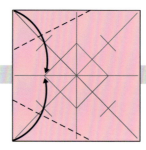

5 左の上下の角を図のように折る。

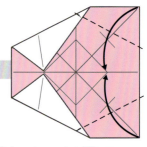

6 右の上下の角も5と同じように折る。

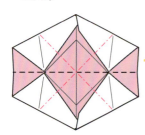

7 折りすじにそって四角折り（P11）する。

左右の辺を谷折りにしてつまみ、下から真ん中に寄せる。表と裏にひし形ができる。

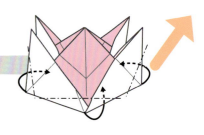

8 左右の角を山折りする。つぎに、図の位置で山折りする。裏も同じように折る。

立体

〈くきと葉〉

9 タテ半分に折り、折りすじをつける。

10 下の角から3等分になるように折る。

11 左右の角を折りすじに合わせて折る。向きを変える。

12 図の位置で折り上げる。

13 タテ半分に山折りする。

14 ⇨の部分を少し開き、右の三角形をずらす。

15 くきの先端を花びらの下に差し込み、のりではる。

できあがり

アレンジ

チューリップを立ててかざろう

くきの根元を直角に開いて立たせましょう。花びらを色違いで3～5個つくって窓辺に並べれば、春らしくかわいいインテリア小物に。

125

立体

スペースシャトル
● SPACE SHUTTLE

折り方のコツ　開いてからたたむ手順のところで、角をきっちりと折るようにしましょう。表と裏のつばさがぴったり合います。

|紙のサイズ| 15cm×15cm

1　三角折り（P11）する。左右の角を、真ん中の折りすじに合わせて折る。裏も同じように折る。

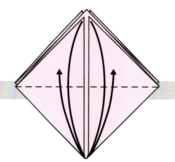

2　表の1枚を横半分に折り、折りすじをつける。

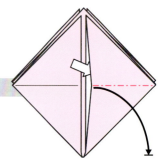

3　⇨の部分を開き、折りすじにそって折りたたむ。

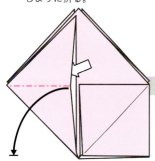

4　左も同じように折る。裏も同じように折る。

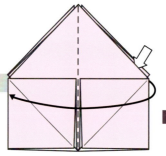

5　右の上の1枚を、左に折る。裏返す。

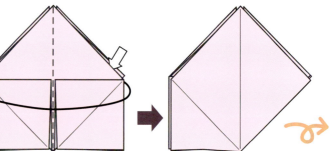

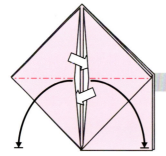

6　⇨の部分を開き、図のように折る。

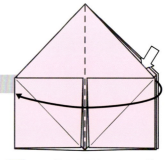

7　⇨の部分を開き、上の1枚を左に折る。

立体

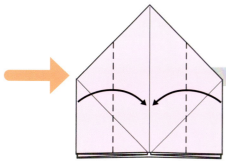

8 左右を図のように折る。裏も同じように折る。

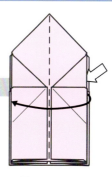

9 ⇨の部分を開き、上の1枚を左へ倒す。下も同様に折る。

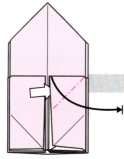

10 ⇨の部分を図のように開き、折りすじにそって折りたたむ。

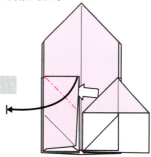

11 ⇨の部分を10と同じように折りたたむ。裏も同じように折る。

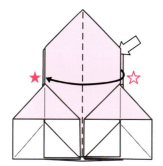

12 ☆と★を合わせて、のりではる。裏も同じようにのりではる。

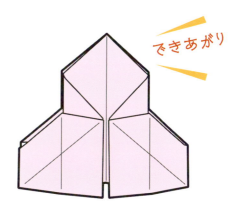

できあがり

アレンジ

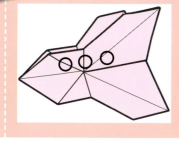

宇宙を飛ぶ
スペースシャトル

12で表だけをのりではり、裏はのりをつけないで、そのままにします。のりづけした部分を垂直に立てると、尾翼ができます。
　シールやペンで窓や模様をつけましょう。
　宇宙をゆうゆうと飛んでいる、スペースシャトルのできあがりです。

ボート ●BOAT

 底から表裏をひっくり返すときは、側面の折り目が開かないよう、手でおさえながらゆっくりと返しましょう。

|紙のサイズ| 折り紙 15cm×15cm

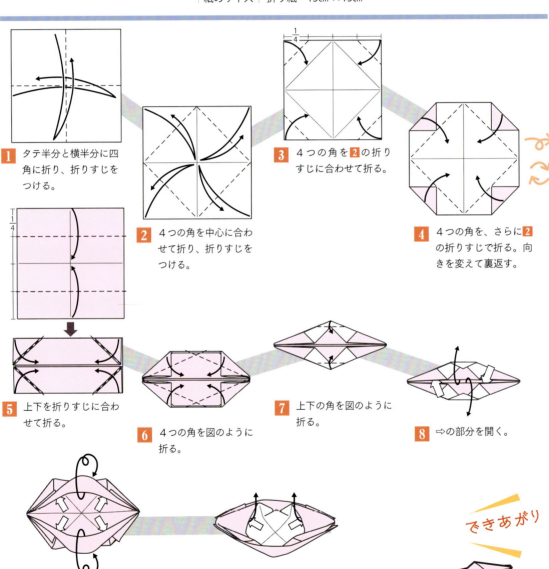

1 タテ半分と横半分に四角に折り、折りすじをつける。

2 4つの角を中心に合わせて折り、折りすじをつける。

3 4つの角を2の折りすじに合わせて折る。

4 4つの角を、さらに2の折りすじで折る。向きを変えて裏返す。

5 上下を折りすじに合わせて折る。

6 4つの角を図のように折る。

7 上下の角を図のように折る。

8 ⇒の部分を開く。

9 8で開いた部分をさらに広げてひっくり返す。側面の形を整える。

10 ⇒の部分を引き上げる。

できあがり

パート5

生きもの おりがみ

| 生きもの |

インコ ●PARAKEET

 くちばしの先を折るときは、しっかりと折りすじをつけて先をとがらせましょう。よりインコらしくなります。

| 紙のサイズ | 15cm × 15cm

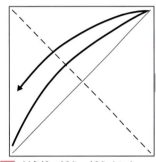

1 対角線で折り、折りすじをつける。

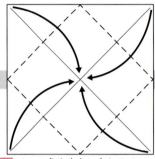

2 4つの角を中心に合わせて折る。

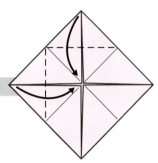

3 上と左の角を、中心に合わせて折る。

4 図のように、半分に折る。

5 上の角から2cmほどのところを中割り折り（P12）する。

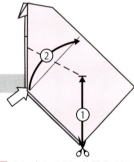

6 下の角から図の位置まで切る。つぎに、上の1枚を図のように折る。

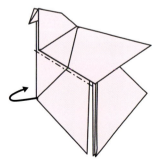

7 裏も同じように折る。

できあがり

生きもの

ニワトリ ●CHICKEN

折り方のコツ 外側に出した三角形の長さによって、くちばしの大きさが変えられます。変化をつけてみてもよいでしょう。

| 紙のサイズ | 15cm×15cm

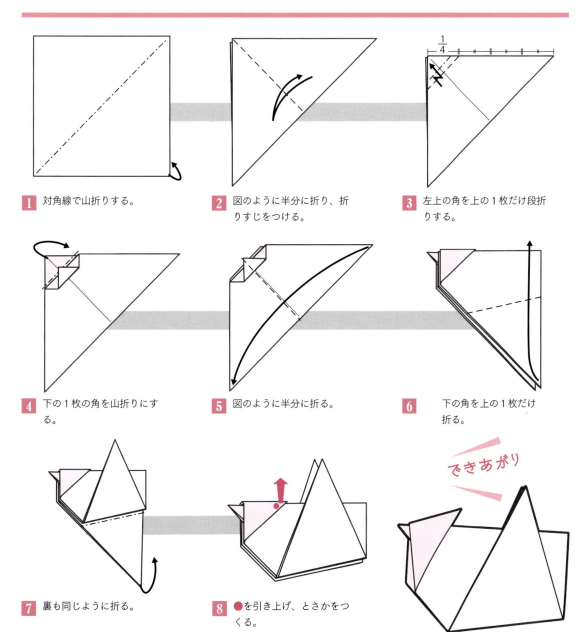

1 対角線で山折りする。

2 図のように半分に折り、折りすじをつける。

3 左上の角を上の1枚だけ段折りする。

4 下の1枚の角を山折りにする。

5 図のように半分に折る。

6 下の角を上の1枚だけ折る。

7 裏も同じように折る。

8 ●を引き上げ、とさかをつくる。

できあがり

| 生きもの |

イルカ ● DOLPHIN

 折り方のコツ　口の先を折るときに細かい寸法をよく確認して、イルカらしくすっとスマートに伸びた口にしましょう。

|紙のサイズ| 15cm×15cm

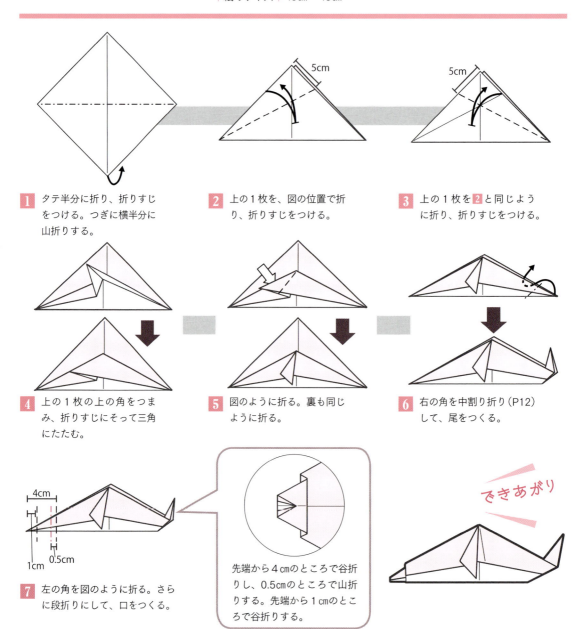

1. タテ半分に折り、折りすじをつける。つぎに横半分に山折りする。
2. 上の1枚を、図の位置で折り、折りすじをつける。
3. 上の1枚を2と同じように折り、折りすじをつける。
4. 上の1枚の上の角をつまみ、折りすじにそって三角にたたむ。
5. 図のように折る。裏も同じように折る。
6. 右の角を中割り折り(P12)して、尾をつくる。
7. 左の角を図のように折る。さらに段折りにして、口をつくる。

先端から4cmのところで谷折りし、0.5cmのところで山折りする。先端から1cmのところで谷折りする。

できあがり

ペンギン ● PENGUIN

しっぽが水平になるように折れば、まるで本物のように立たせることができます。また、くちばしは上向きに。

|紙のサイズ| 15cm×15cm

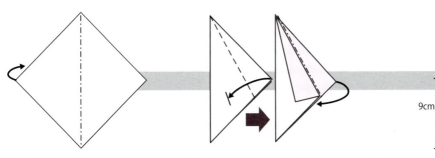

1 タテ半分に山折りする。

2 右の角を上の1枚だけ折る。裏も同じように折る。

3 下の角から9cmのところで折り、折りすじをつけて、中割り折り（P12）する。

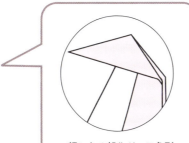

顔になる部分が、三角形になる。

4 上の角をかぶせ折り（P12）して、顔をつくる。

5 顔の先端を段折りにして、くちばしをつくる。

できあがり

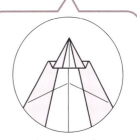

くちばしを開いて裏返す。谷折りをして、その先を山折りにして折り返す。

生きもの

ラッコ ●SEA OTTER

 顔を斜めに折ることで、まるで水族館のショーで見るような、鼻を上に向けたかわいらしい姿になります。

|紙のサイズ| 15cm×15cm

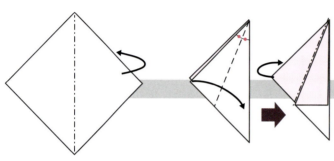
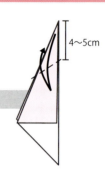

1 タテ半分に山折りする。

2 左の角を上の1枚だけ折る。裏も同じように折る。

3 上の角から4〜5cmのところで折り、折りすじをつける。

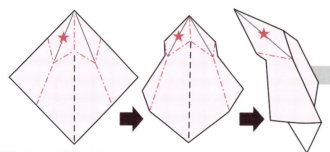
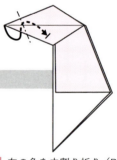

4 折り目を開く。折りすじにそって、図のように★の部分がひし形になるように折る。

5 左の角を中割り折り（P12）の要領で、内側に折り込む。裏返す。

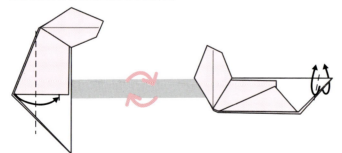
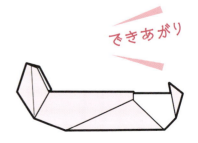

できあがり

6 左の角を上の1枚だけ図のように折る。裏も同じように折る。向きを変える。

7 右の角を先端から1cmほどのところでかぶせ折り（P12）する。

134

生きもの

ちょうちょ ●BUTTERFLY

 ひらひらと飛び、必ずおなかから着地します。左右の羽を同じ角度になるように折るのがポイントです。

| 紙のサイズ | 15cm×15cm

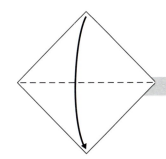

1 横半分に折る。

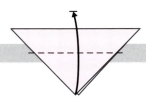

2 下の角を図の位置で折り上げる。

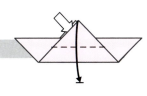

3 上の角の上の1枚だけ、折り下げる。

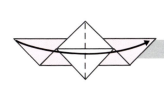

4 横半分に折る。

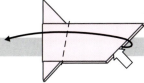

5 右の角の上の1枚だけ、図のように折る。

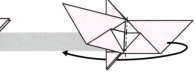

6 裏も同じように折る。向きを変える。

できあがり

遊び方

くるくる飛んできちんと着地

胴体を持って、紙飛行機と同じように飛ばしてみましょう。くるくると回りながら、おなかから着地します。

生きもの

さかな ●FISH

 ひれの先をピンととがらせて折れば、今にも泳ぎだしそうな、いきいきとした姿に仕上がります。

|紙のサイズ| 15cm×15cm　　　　　　　原案／中島進

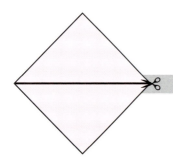

1 表を上に置き、対角線で切る。

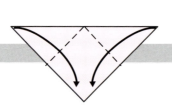

2 左右を図のように折る。

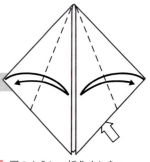

3 図のように、折りすじをつける。

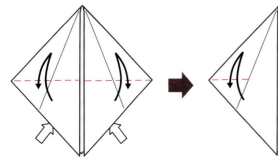

4 上の1枚の下の角を折り上げ、折りすじをつける。

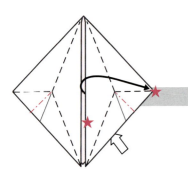

5 真ん中から3、4でつけた折りすじにそって開く。★と★を合わせる。

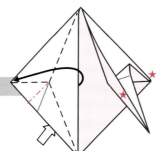

6 左側も同じように折る。裏返す。

生きもの

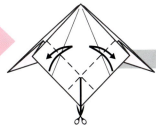
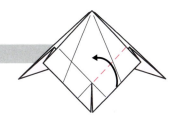

7 上の1枚を図のように折り、折りすじをつける。つぎに図の位置で切る。

8 右側を図のように折る。

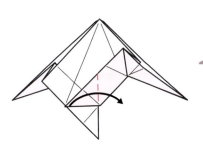

9 さらに図のように折る。

切り込みに合わせて谷折りする。

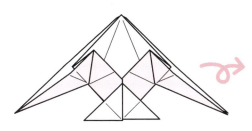
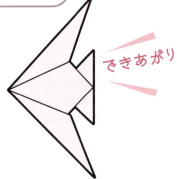

10 左側も 8 、 9 と同じように折る。裏返す。

できあがり

アレンジ

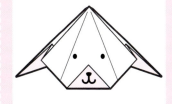

ももやいぬになる

ピンク色の折り紙を使い、6 まで折りましょう。上下をさかさまにして下の角を1cmほど裏に折ると、ももになります。

また、茶色やグレーの折り紙で同様に 6 まで折りましょう。

そのまま向きを変えず、下の角を1/5ほど折り上げます。ペンなどで目や鼻をかくと、いぬになります。

生きもの

くわがたむし ● STAG BEETLE

折り方のコツ：左右のあごの形をうまく折って、本当のくわがたのように仕上げましょう。あごは斜めに折るとよいでしょう。

| 紙のサイズ | 15cm×15cm　　　　　　　原案／湯浅信江

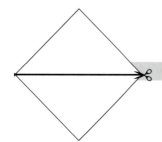

1 対角線で横半分に切る。

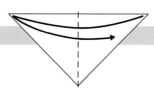

2 タテ半分に折り、折りすじをつける。

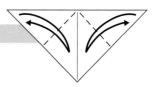

3 左右の角を折りすじに合わせて折り、折りすじをつける。

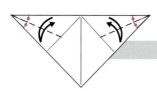

4 左右の角を図の位置まで部分的に折り、折りすじをつける。

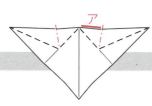

5 右の角をつまみ、折りすじにそって折る。

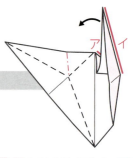

6 5でできた辺（ア）と、5のアの辺を合わせるように折る。

7 左の角も5、6と同じように折る。

8 上の角を、それぞれ図のように折り下げる。

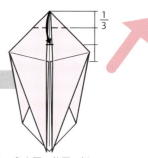

9 上の角を図の位置で折る。

生きもの

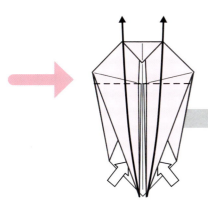

10 下の角を折り上げる。

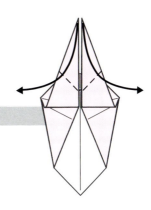

11 10で折り上げた部分を、図のように折る。

12 左右の角を折る。

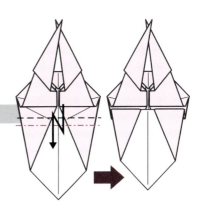

13 図の位置で段折りする。

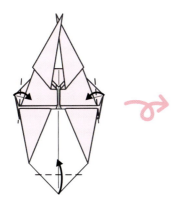

14 下の角を1cmほど折り上げる。裏返す。

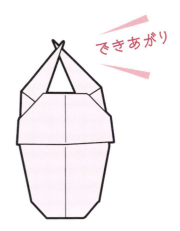

できあがり

セミ ●CICADA

> **折り方のコツ** 左右の羽を広げすぎると、できあがりが細くなってしまいます。少しだけ広げるようにしましょう。

| 紙のサイズ | 15cm × 15cm

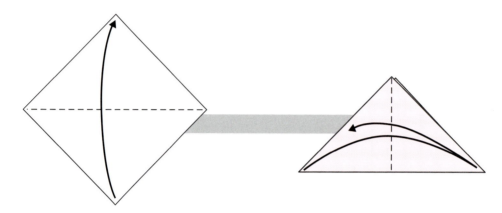

1 横半分に折る。

2 タテ半分に折り、折りすじをつける。

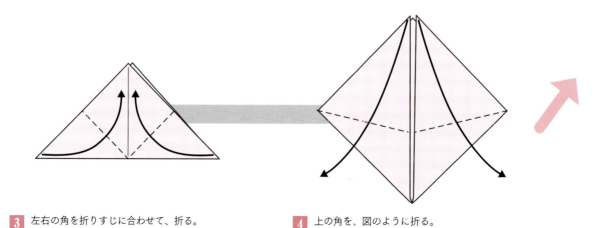

3 左右の角を折りすじに合わせて、折る。

4 上の角を、図のように折る。

生きもの

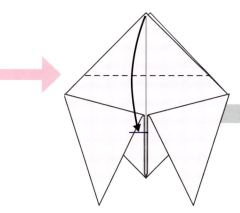

5 上の1枚だけ、図の位置で折り下げる。

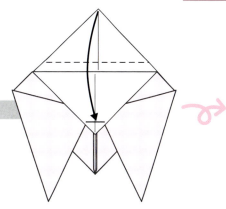

6 下の1枚の角を、5で折った角から1cmほどまで折る。裏返す。

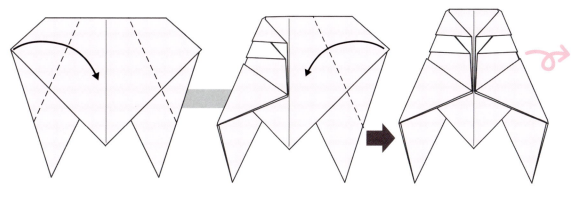

7 左の角を、折りすじに合わせて折る。

8 右の角も同じように折る。裏返す。

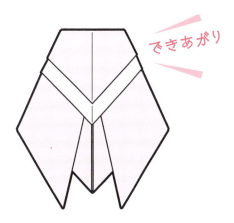

できあがり

| 生きもの

キツネ ●FOX

折り方のコツ 手の部分の切り込みは、真ん中に近いところまで入れます。手としっぽが長くなって、みばえよく仕上がります。

| 紙のサイズ | 15cm×15cm

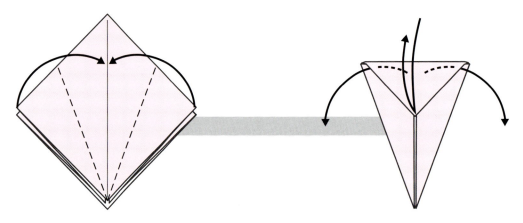

1. 四角折り（P11）にして、向きを変える。閉じている左右の角を上の1枚だけ折りすじに合わせて折り、折りすじをつける。裏も同じように折る。

2. 上の角を折り下げる。折り目を開いて1の形にもどす。

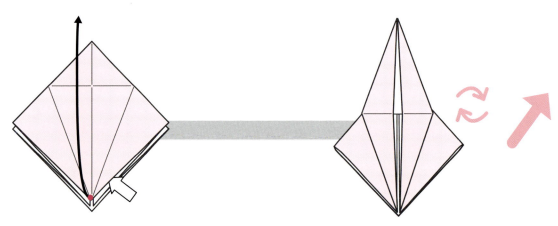

3. 下の角の上側だけを上に開いて、折りすじにそってひし形にたたむ。

4. 裏側も同じように折る。向きを変える。

生きもの

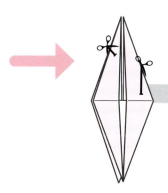

5 図の位置を切る。

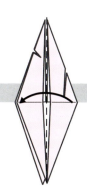

6 右の角を上の1枚だけ、左に倒す。裏も同じように折る。

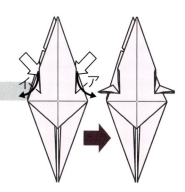

7 ⇨の部分を開き、図のように折る。

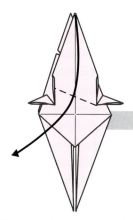

8 上の1枚を図のように折る。

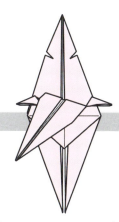

9 折り目をしっかりつけて、裏返す。

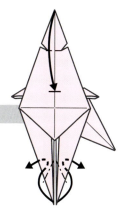

10 上の角を図の位置で折る。下の左右の先端を、それぞれ中割り折り（P12）して足をつくる。

できあがり

アレンジ

顔を丸くすればタヌキにも

10 で折った顔の先端を1cmほど裏に折ります。ペンでおなかとおへそを描いたら、タヌキになります。

143

| 生きもの

ぶた ●PIG

折り方のコツ　ポイントは2つ。脚の向きに注意することと、細かい部分を指先でじゅうぶんに形を整えることです。

| 紙のサイズ | 15cm×15cm

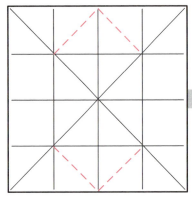

1 二そう舟（P16）の1〜3と同じように折りすじをつける。つぎに、図の位置に折りすじをつける。

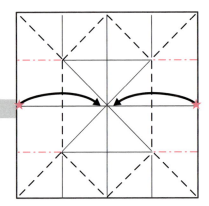

2 左右の★の位置をつまみ、真ん中の折りすじに合わせる。

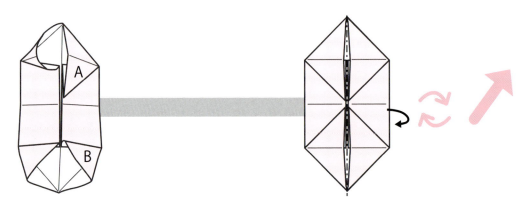

3 Aを図のように折り、ひし形に折りたたむ。Bも同じように折る。

4 タテ半分に山折りする。向きを変える。

生きもの

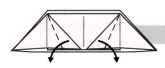
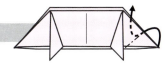

5 図のように折る。裏も同じように折る。

6 右の角を中割り折り（P12）する。

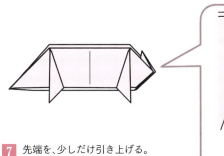
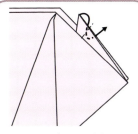
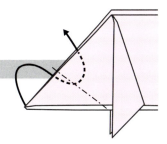

引き上げた先も中割り折りする。

7 先端を、少しだけ引き上げる。

8 左の角も中割り折りする。

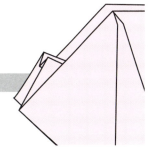

9 さらに中割り折りする。

10 9で外に出た部分は内側に折り込む。

アレンジ

鼻の形を変えてサイやダックスフントにする

鼻の中割り折りを1回だけにすると、鼻にツノができてサイに変身します。
中割り折りするとき深めに大きく折り、ツノが目立つようにして強そうなサイにしましょう。

また、11で鼻を折り上げないでそのままにすると、ダックスフントにアレンジできます。ペンなどで鼻や目をかきましょう。

できあがり

生きもの

いのしし ● WILD BOAR

 横長の紙を使います。顔と胴のさかい目の段折りは、位置を確認して折り目をしっかりとつけて折りましょう。

|紙のサイズ| 18cm × 9cm（和紙）

1 横半分に折り、折りすじをつける。

2 4つの角を折りすじに合わせて折る。

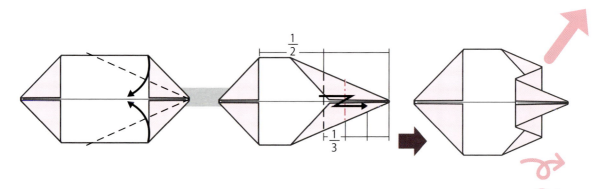

3 右の上下の角を折りすじに合わせて折る。

4 右の角を図の位置で、段折りする。向きを変えて裏返す。

生きもの

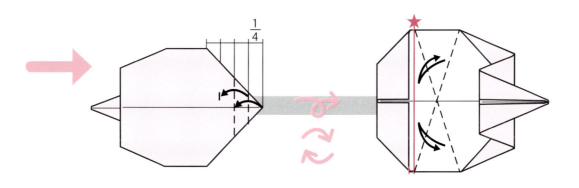

5 左の角を図のように巻き折りする。向きを変えて裏返す。

6 図の位置で折り、折りすじをつける。

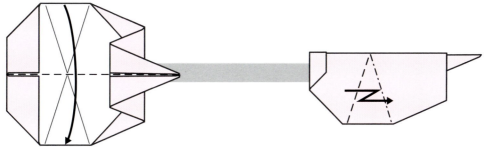

7 横半分に折る。

8 折りすじにそって、上の1枚だけを段折りする。裏も同じように折る。

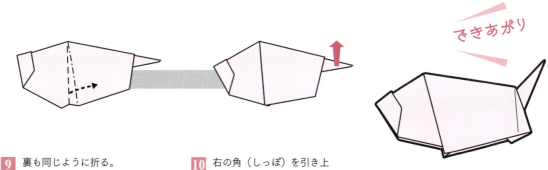

9 裏も同じように折る。

10 右の角（しっぽ）を引き上げる。

できあがり

147

ねこ ●CAT

 2枚の折り紙で、顔と体をつくります。左右の耳の長さをそろえ、角度も同じになるように気をつけて。

|紙のサイズ| 15cm×15cm（2枚）

〈顔〉

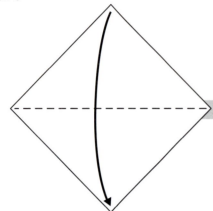

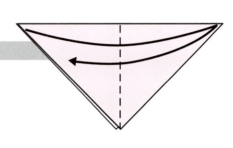

1 横半分に折る。

2 タテ半分に折り、折りすじをつける。

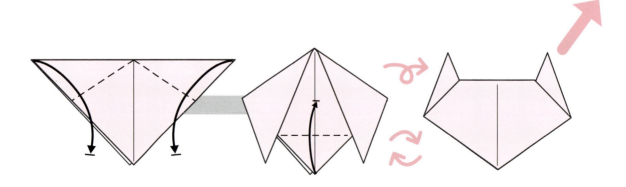

3 左右の角を、それぞれ図のように折り下げる。

4 下の角を折り上げる。向きを変えて、裏返す。

生きもの

〈胴体〉

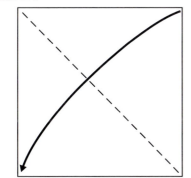

5 別の紙を、対角線で折る。

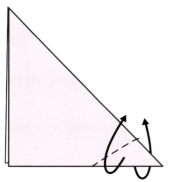

6 右の角をかぶせ折り（P12）する。

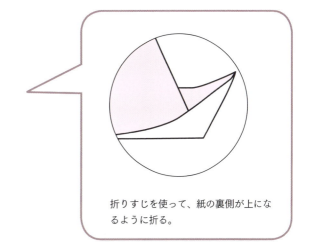

折りすじを使って、紙の裏側が上になるように折る。

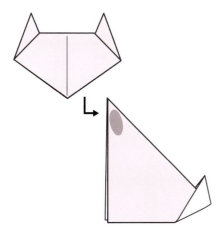

7 顔をのりではる。

できあがり

149

| 生きもの

いぬ DOG

しっぽは、折りすじをしっかりつければ折り立てるのが簡単になります。折る位置を正確にとりましょう。

| 紙のサイズ | 15cm×15cm（2枚）

〈顔〉

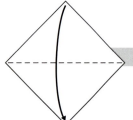

1 横半分に折る。

2 下の角を、上の1枚だけ、折り上げる。

3 左右の角を下の角に合わせて折る。

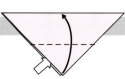

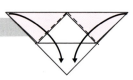

4 上の1枚を図のように折る。

5 下の角を折り上げる。

6 上の角と左右の角の先をそれぞれ山折りする。

〈胴体〉

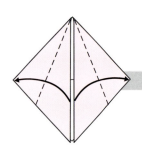

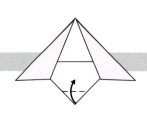

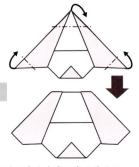

7 別の紙を、横半分に折り、折りすじをつける。

8 右側の2辺を幅2cmほど折り、折りすじをつける。

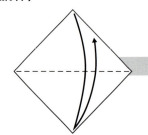
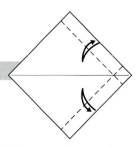

生きもの

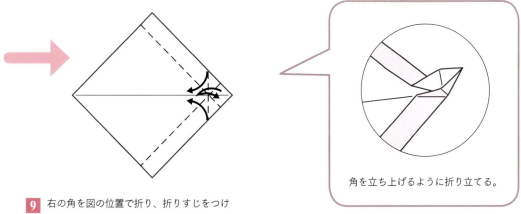

角を立ち上げるように折り立てる。

9 右の角を図の位置で折り、折りすじをつける。つぎに、つけた折りすじを合わせるように折る。

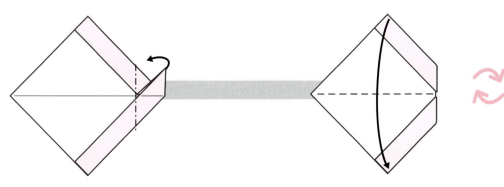

10 折り立てた部分を、図のように山折りする。

11 横半分に折る。向きを変える。

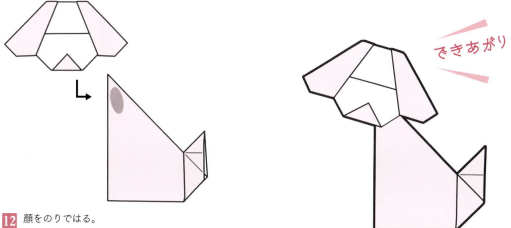

12 顔をのりではる。

できあがり

151

生きもの

キリン ● GIRAFFE

 耳を折るときは、切り込みの位置に気をつけて。しっぽは細かくてむずかしいので、折り図を確認しましょう。

|紙のサイズ| 15cm×15cm　　　　　アレンジ／冨田登志江

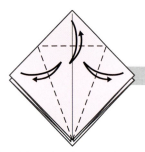

1 四角折り（P11）する。向きを変えて図のように折り、折りすじをつける。

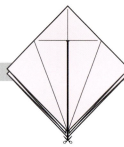

2 下の角から、上の1枚だけ図の位置まで切る。裏も同じように切る。

3 下の角から、上の1枚だけ図のように折る。裏も同じように折る。

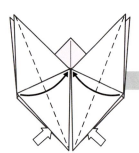

4 上の1枚だけ、図の位置で折る。裏も同じように折る。向きを変える。

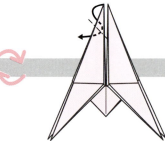

5 左上の角を中割り折り（P12）して、顔をつくる。

6 顔の左の角を内側に折り込む。つぎに、図の位置で切り込みを入れる。

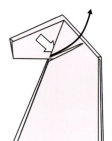

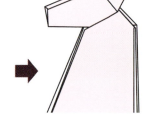

7 6で切った部分を折り、耳にする。裏も同じように切って折る。

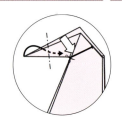

顔の右側のかぶさっている部分に斜めに切り込みを入れる。

生きもの

  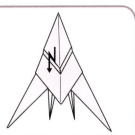

8 ⇨の部分を開き、段折りして尾をつくる。

上から見たところ。段折りするときは折り目が斜めになるようにする。

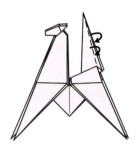 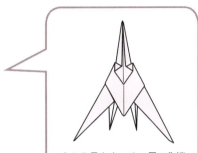

9 尾のはみだしている部分を内側に折り込む。裏も同じように折る。

上から見たところ。尾の先端は細かいが、きれいに折る。

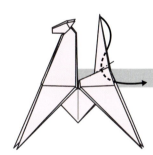 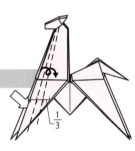

10 尾を図の位置で中割り折りして、下を向くようにする。

11 図の位置で巻折りする。裏も同じように折る。

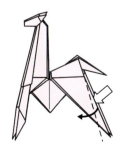 

12 図の位置で折る。裏も同じように折る。

できあがり

| 生きもの |

ぞうの頭 ● ELEPHANT (HEAD)

 鼻の部分は、紙が重なって折りにくくなりがちです。折り目を開いて裏返すと、折りやすくなるでしょう。

|紙のサイズ| 15cm×15cm　　　　　　　　　原案／冨田登志江

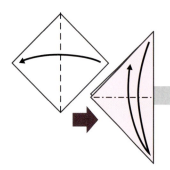

1 タテ半分に折る。つぎに横半分に折り、折りすじをつける。

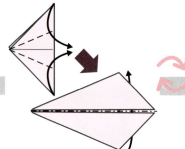

2 上下の角を折りすじに合わせて折る。横半分に山折りする。向きを変える。

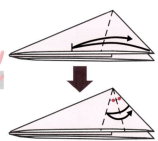

3 上の1枚の右の角を、図の位置で折り、折りすじをつける。裏も同じように折り、折りすじをつける。

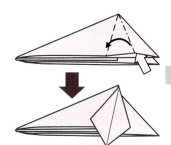

4 ⇒の部分を開き、ひし形に折りたたむ。裏も同じように折りたたむ。

5 上の角から1.5cmのところを内側に折り込む。裏も同じように折り込む。

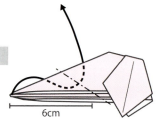

6 左の角から6cmほどのところで中割り折り（P12）する。

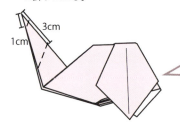

7 先端から3cmのところでかぶせ折り（P12）して、さらに1cmのところでかぶせ折りにする。

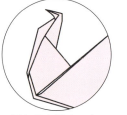

折り目を開き、裏をひっくり返してかぶせるように折る。

できあがり

生きもの

ぞうの体 ● ELEPHANT (BODY)

四角いぞうの脚が表現できるよう、形を整えて。折りあがったら、「ぞう（頭）」をのりで貼って完成です。

| 紙のサイズ | 15cm×15cm

原案／冨田登志江

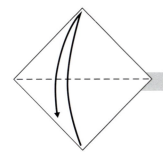

1 横半分に折り、折りすじをつける。

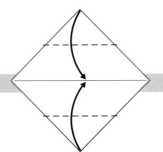

2 上下の角を折りすじに合わせて折る。

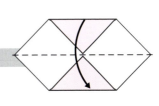

3 横半分に折る。

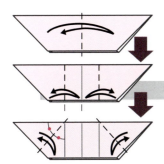

4 タテ半分に折り、折りすじをつける。さらに図の位置で折りすじをつける。

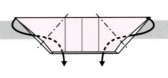

5 4の折りすじにそって、中割り折り（P12）する。

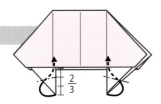

6 下から2/3のところで図のように折り、折りすじをつける。中割り折りして、内側に折り込む。

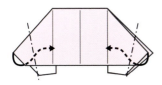

7 左右の角を、図のように折る。裏も同じように折る。

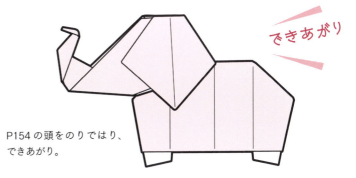

できあがり

P154の頭をのりではり、できあがり。

生きもの

ネズミ ●MOUSE

折り方のコツ　耳の切り込みを入れるときは、山折りで紙を2枚合わせにして、耳ひとつ分だけを切れば簡単です。

|紙のサイズ| 15cm×15cm

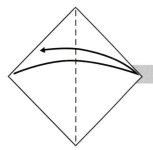

1 タテ半分に折り、折りすじをつける。

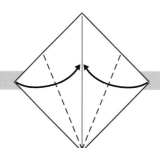

2 左右の角を折りすじに合わせて折る。

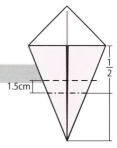

3 下の角を図の位置で、1.5cm幅の段折りする。

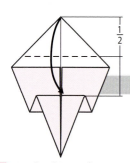

4 上の角を折り下げる。

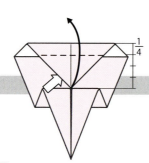

5 図のように、上から1/4のところで折り上げる。

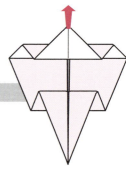

6 上の角を引き上げ、折り目を開く。

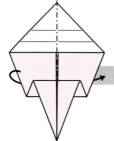

7 タテ半分に山折りする。

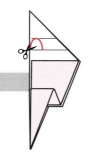

8 図の位置を切る。折り目を 6 にもどす。

生きもの

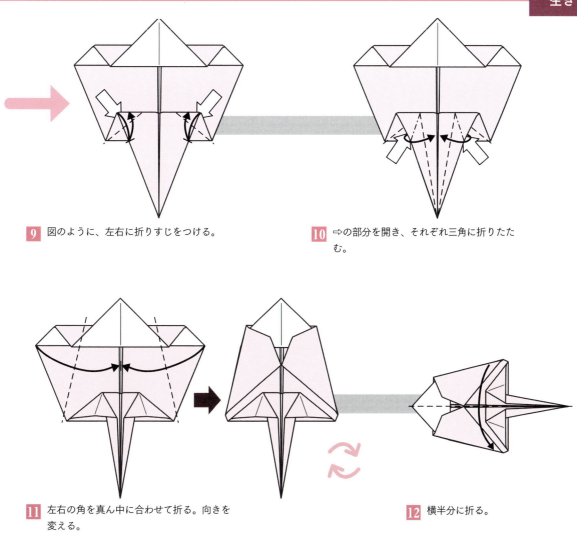

9 図のように、左右に折りすじをつける。

10 ⇨の部分を開き、それぞれ三角に折りたたむ。

11 左右の角を真ん中に合わせて折る。向きを変える。

12 横半分に折る。

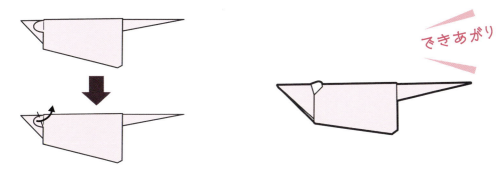

13 8で切った部分を図のように折る。裏も同じように折る。

できあがり

157

生きもの

ヒツジ ●SHEEP

折り方のコツ 角は、山折りを3回くり返して縁を描くように折っていきましょう。くるんと曲がった特徴のある形になります。

| 紙のサイズ | 15cm × 15cm

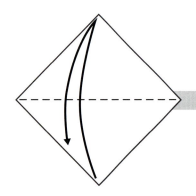

1 横半分に折り、折りすじをつける。

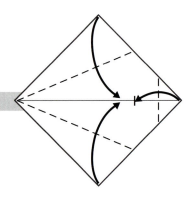

2 上下の角を折りすじに合わせて折る。右の角を図の位置で折る。

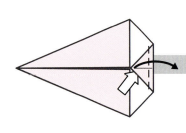

3 2で折った角を図の位置で折る。向きを変えて裏返す。

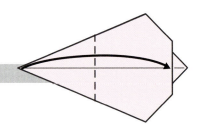

4 左の角を図の位置で折る。

生きもの

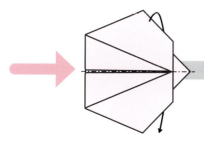 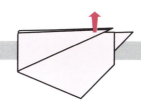 

5 横半分に山折りする。　　6 上の1枚を引き上げる。　　7 引き上げた部分の先から図の位置までを切る。

 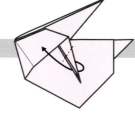 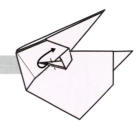

8 上の1枚だけを図の位置で山折りする。　　9 さらに、図の位置で山折りする。　　10 もう一度、図の位置で山折りする。

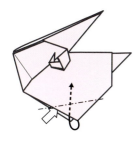 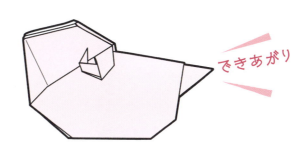

11 下の角を内側に折り込む。裏も同じように折る。

できあがり

アレンジ

ひと折加えて箸置きにする

　折り紙（15cm × 15cm）を1/4の大きさに切って、11まで折ります。表と裏で内側に折りこんだ部分を直角に開き、重なる部分をのりではりましょう。すると、しっかりと立ち、箸置きになります。ペンなどで目をかきましょう。
　また、千代紙や和紙などで折れば、おもてなしの席で箸置きとして使えます。

生きもの

バッタ ●GRASSHOPPER

 折り方のコツ

いちばん最後の手順では、できるだけ細く切り込みましょう。バッタの細長い触覚を表現できます。

| 紙のサイズ | 15㎝×15㎝

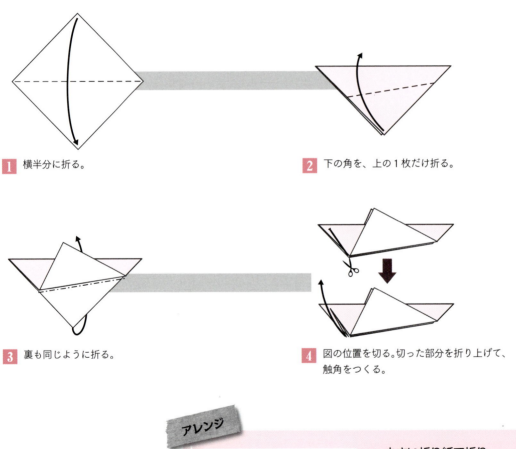

1 横半分に折る。

2 下の角を、上の1枚だけ折る。

3 裏も同じように折る。

4 図の位置を切る。切った部分を折り上げて、触角をつくる。

アレンジ

できあがり

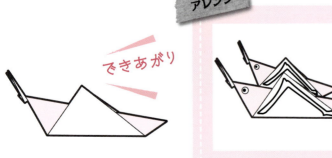

小さい折り紙で折り おんぶバッタに

小さな折り紙で子どものバッタをつくり、背中に乗せるとおんぶバッタになります。

親バッタを緑、子バッタを黄緑にすると、色どりがきれいに！

パート6

植物、食べもの おりがみ

植物

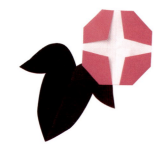

あさがお ● MORNING GLORY

 色の違う折り紙2枚で、花と葉をつくります。花は最初にハサミで角を切り落としてから折りはじめましょう。

| 紙のサイズ | 10cm×10cm（2枚）

〈花〉

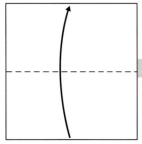

1 横半分に折る。

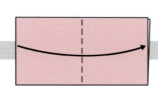

2 タテ半分に折る。

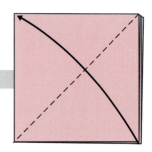

3 対角線で半分に折る。

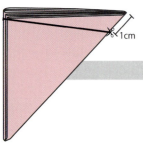

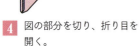

4 図の部分を切り、折り目を開く。

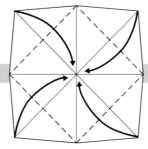

5 4つの角を中心に合わせる。

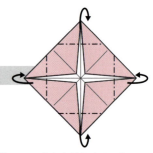

6 4つの角を山折りする。花のできあがり。

〈葉〉

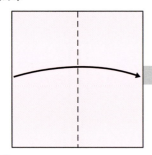

7 別の紙を、表を上にしてタテ半分に折る。

8 えんぴつで葉をかき、切り取る。折り目を開く。葉のできあがり。

できあがり

植物

カーネーション ● CARNATION

折り方のコツ 花びらをギザギザに切るときは、紙の方向を変えながら切りましょう。両角を少し切るときれいな円になります。

| 紙のサイズ | 15cm×15cm

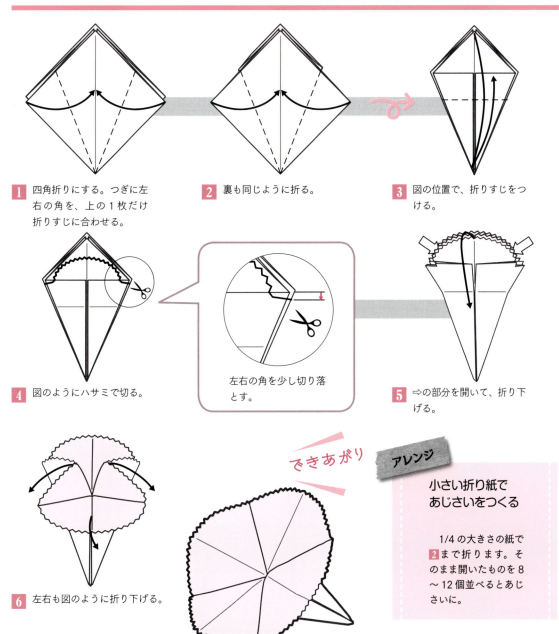

1 四角折りにする。つぎに左右の角を、上の1枚だけ折りすじに合わせる。

2 裏も同じように折る。

3 図の位置で、折りすじをつける。

4 図のようにハサミで切る。

左右の角を少し切り落とす。

5 ⇨の部分を開いて、折り下げる。

6 左右も図のように折り下げる。

できあがり

アレンジ

小さい折り紙であじさいをつくる

1/4の大きさの紙で2まで折ります。そのまま開いたものを8〜12個並べるとあじさいに。

163

植物

ひまわり ● SUNFLOWER

折り方のコツ 花びらに芯を差し込むときは、まず対角となる2つの角からはじめると、ほかの角が差し込みやすくなります。

| 紙のサイズ | 折り紙 15cm × 15cm（花）
7.5cm × 7.5cm（芯）

〈花びら〉

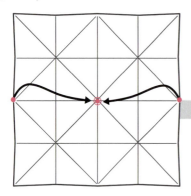

1 二そう舟（P16）の **6** まで折る。

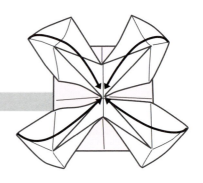

2 4つの角を折り立てて、図のようにたたむ。

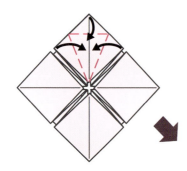

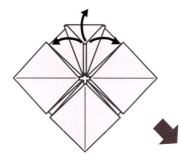

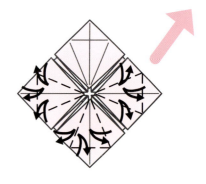

3 角をそれぞれ図のように折り、折りすじをつける。ほかの3カ所も同じように折りすじをつける。

植 物

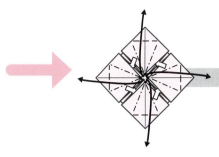 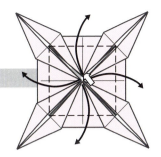

4 中心から開き、折りすじにそって図のように折る。ほかの3カ所も同じように折る。

5 ⇨の部分を開いて、図のように折る。

〈芯〉

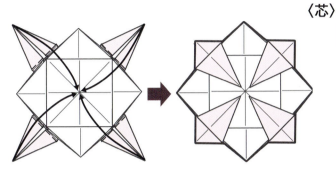 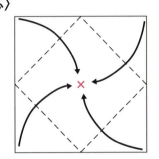

6 4つの角を中心に合わせる。花びらのできあがり。

7 別の紙の4つの角を中心に合わせる。裏返す。芯のできあがり。

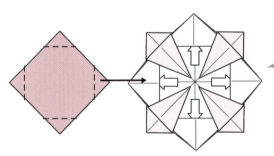 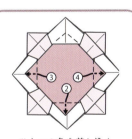

8 芯を花びらの内側に差し込む。

ひとつの角を差し込んだら、つぎは対角を差し込むようにする。

アレンジ

金色の折り紙で金メダル

芯に金色や銀色の折り紙を使い、外側に出ている角をすべて裏に折りましょう。リボンをつければ、できあがり。

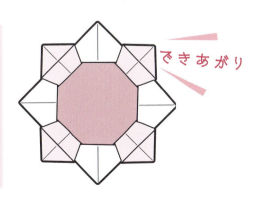

できあがり

植物

あやめ ●BLUE FLAG

 花びらがきれいに左右対称となるように、左右の折り目や角度を確認し、調整しながら折りましょう。

|紙のサイズ| 9㎝ × 9㎝

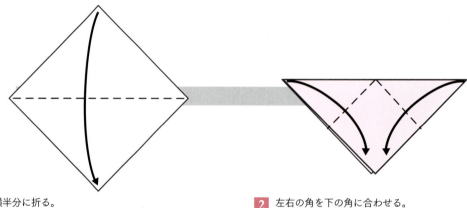

1 横半分に折る。

2 左右の角を下の角に合わせる。

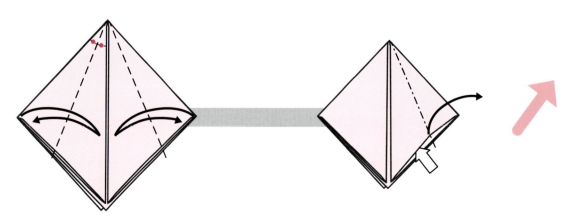

3 左右の角を真ん中に合わせるように折り、折りすじをつける。

4 ⇨の部分を開き、折りすじにそって折りたたむ。

植 物

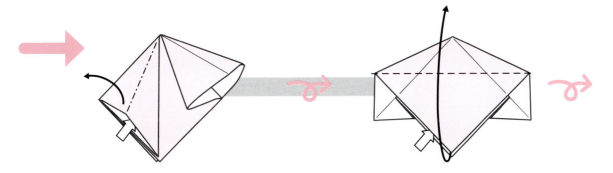

5 左側も 4 と同じように折り、裏返す。

6 上の1枚を、折り上げる。

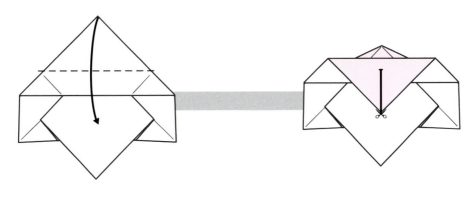

7 折り上げた角を、図の位置で折り下げる。

8 折り下げた角を1cmほど切る。

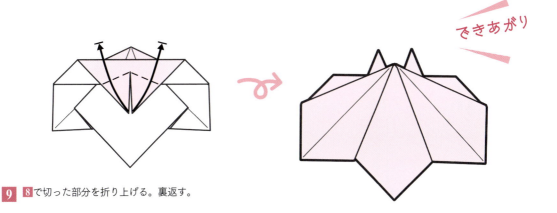

9 8 で切った部分を折り上げる。裏返す。

できあがり

植物

もみじ ●RED LEAVES

 ハサミを入れる場所や寸法を確認しながら、切り込みを入れていきましょう。本物そっくりに仕上がります。

|紙のサイズ| 15cm × 15cm

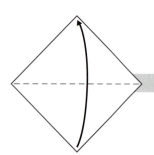

1 横半分に折る。

2 タテ半分に折る。

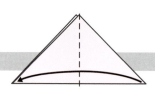

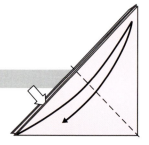

3 上の角を折り、折りすじをつける。折り目を開き、2の形へもどす。

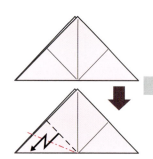

4 図のように段折りする。

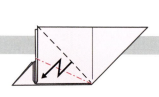

5 図のように段折りする。

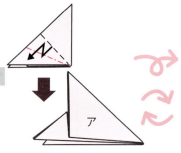

6 図のように段折りする。向きを変えて裏返す。

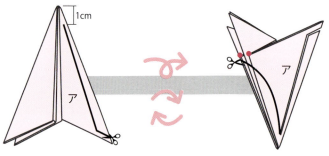

できあがり

7 上の角から1cmほど残して切る。向きを変えて裏返す。

8 ●の角より下側を丸く切る。折り目をすべて開く。

食べもの

トマト ● TOMATO

 上と下で中割り折りをするときは、折り幅が同じになるようにすると、きれいな形にできます。

| 紙のサイズ | 15cm × 15cm

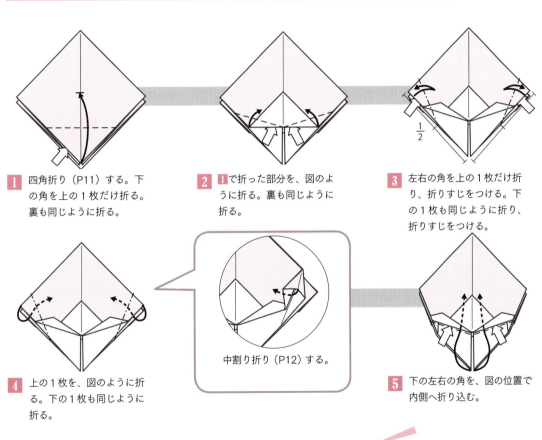

1 四角折り（P11）する。下の角を上の1枚だけ折る。裏も同じように折る。

2 1で折った部分を、図のように折る。裏も同じように折る。

3 左右の角を上の1枚だけ折り、折りすじをつける。下の1枚も同じように折り、折りすじをつける。

中割り折り（P12）する。

4 上の1枚を、図のように折る。下の1枚も同じように折る。

5 下の左右の角を、図の位置で内側へ折り込む。

6 上の角を1.5cmのところで山折りする。向きを変える。

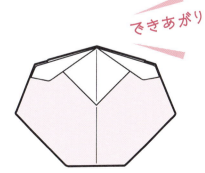

できあがり

169

だいこん ●RADISH

 葉の根本をきちんと差し込むと、形が整います。じつは、左右の折り合わせで太さを変えることができます。

|紙のサイズ| 15㎝×15㎝

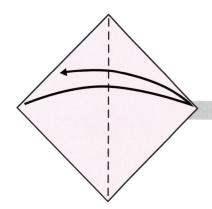

1 表を上に置き、タテ半分に折りすじをつける。

2 左右の角を、折りすじより少しはみ出す位置で折る。

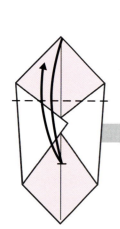

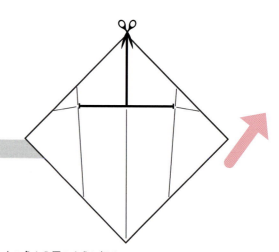

3 図の位置で折りすじをつける。裏返す。

4 上の角から図のように切る。

食べもの

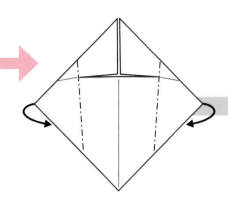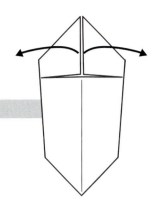

5 左右を山折りにする。

6 図の部分を開く。

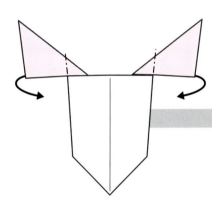

7 左右を図の位置で山折りする。

8 7で折った部分を、それぞれ図の位置で折る。

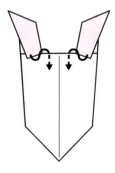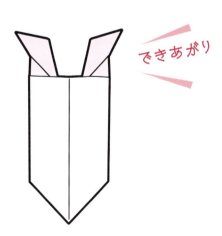

9 8で折った部分を、図の位置へ差し込む。

できあがり

食べもの

ピーマン ● GREEN PEPPER

 前後で折る角度を変えて、独特のひだをつくりましょう。また、左右をバランスよく折るのも大切です。

|紙のサイズ| 15㎝×15㎝

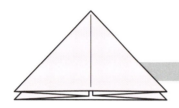

1 三角折り（P11）する。

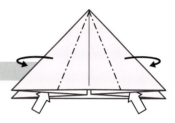

2 上の1枚の左右を、図のように山折りする。

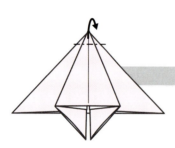

3 上の角を山折りにする。

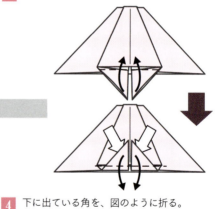

4 下に出ている角を、図のように折る。

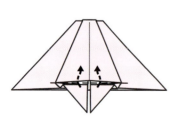

5 4で折った部分を差し込む。向きを変える。

すき間に山折りした部分を差し込む。

食べもの

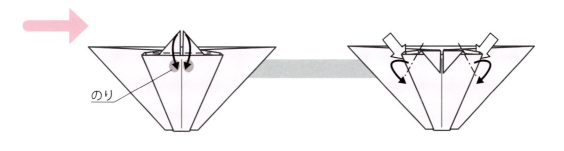

6 上にはみ出した角を図のように折り、のりづけする。

7 図の位置で山折りする。

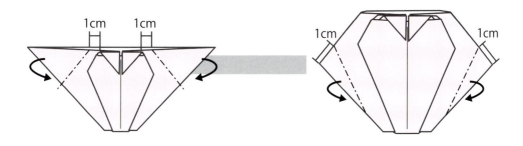

8 左右の角を、図の位置で山折りする。

9 左右の角を、図の位置で山折りする。

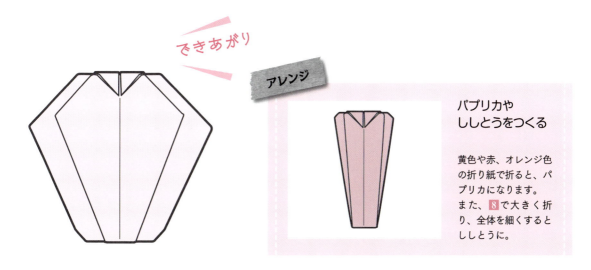

できあがり

アレンジ

パプリカやししとうをつくる

黄色や赤、オレンジ色の折り紙で折ると、パプリカになります。また、8で大きく折り、全体を細くするとししとうに。

食べもの

たけのこ ● BAMBOO SHOOT

 バランスよく皮が外側に出るようにするには、左右を開いたときにたたむ位置がポイントになります。

| 紙のサイズ | 15cm×15cm　　　　　　　　　　原案／冨田登志江

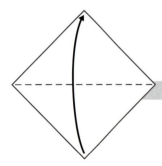

1 横半分に折る。

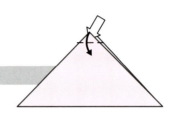

2 上の1枚を図の位置で折る。

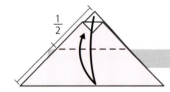

3 横半分に折り、折りすじをつける。

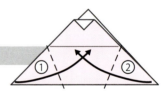

4 左、右の順で3の折りすじに合わせて折る。

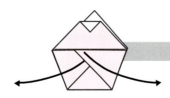

5 4で折った部分を開く。

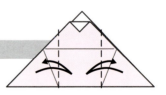

6 図の位置で折り、折りすじをつける。

食べもの

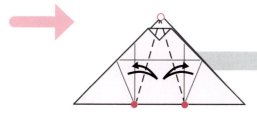

7 図の位置で折り、折りすじをつける。

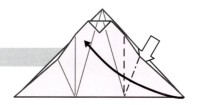

8 右側を 4 、6 で折った折りすじに合わせて開き、折りたたむ。

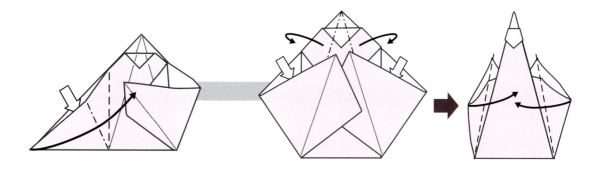

9 左側を 8 と同じように折る。

10 7 で折った折りすじに合わせて左右を図のように山折りする。つぎに、左右を少し重なるように折る。

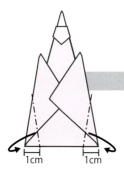

11 左右の角を図の位置で山折りする。

12 図の位置で山折りする。

できあがり

175

しいたけ ● SHIITAKE MUSHROOM

軸の部分は、下のほうが太くなるようにしましょう。切り込みから斜めに折ると、しいたけらしくなります。

| 紙のサイズ | 15cm×15cm　　　　　　　　原案／湯浅信江

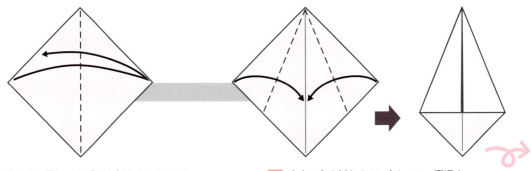

1. 表を上に置き、タテ半分に折りすじをつける。
2. 左右の角を折りすじに合わせる。裏返す。

3. 上の角を下の角に合わせる。
4. 折り目をすべて開く。

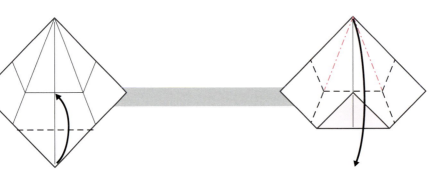

5. 下の角を中心に合わせて折る。
6. 上の角を左右に山折りしながら、折りすじにそって折り下げる。

食べもの

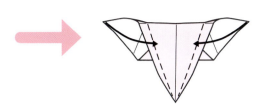
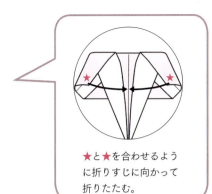

★と★を合わせるように折りすじに向かって折りたたむ。

7 左右を図のように折りたたむ。

8 図の位置で上の1枚だけ切って開く。
9 8と同じように切って開く。

10 図の位置を切る。
11 左右を図のように折る。

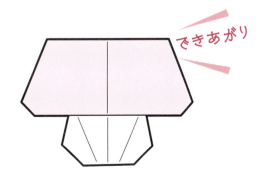

12 下の角を図のように折る。裏返す。

できあがり

食べもの

まつたけ ● MATSUTAKE MUSHROOM

折り方のコツ 段折りにした部分を、一度開いてから折る手順は、細かい作業になります。指先できちんと折りましょう。

| 紙のサイズ | 115cm × 5cm

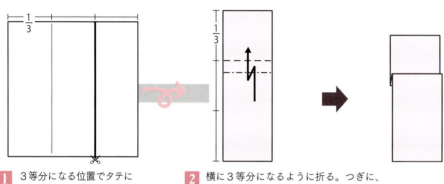

1. 3等分になる位置でタテに切る。裏返す。
2. 横に3等分になるように折る。つぎに、図の位置で段折りする。
3. ⇨の部分を開き、図のように折りたたむ。

すき間を開きながら、三角に折りたたむ。

4. 図の位置で山折りにする。

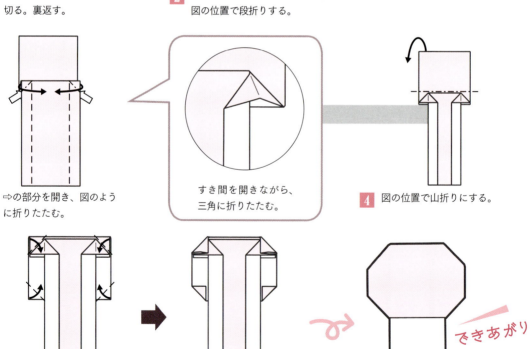

5. それぞれの角を、図のように折る。裏返す。

できあがり

食べもの

いちご ●STRAWBERRY

折り方のコツ　上にあるへたの部分のかぶせ折りは、裏側からひっくり返すようにすると、折りやすくなります。

|紙のサイズ| 15cm×15cm

1. 三角折り（P11）する。左右の角を上の角に合わせ、折りすじをつける。

2. 左右の角の上の1枚を、図の位置で折り、折りすじをつける。下の1枚も同じように折りすじをつける。

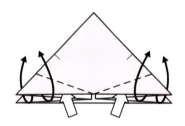

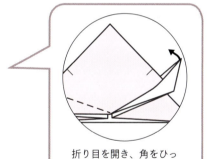

3. 左右の角の上の1枚を、かぶせ折り（P12）にする。下の1枚も同じように折る。向きを変える。

折り目を開き、角をひっくり返すように折る。

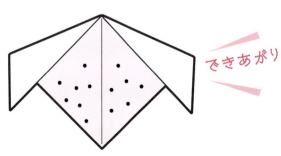

できあがり

ペンなどでタネをかく。

アレンジ

ショートケーキにのせてかざる

小さな折り紙でいちごをつくり、ショートケーキ（P116）の上にはりつけてかざりましょう。

| 食べもの

バナナ ●BANANA

 折り幅を変えて段折りをくり返すことで実の部分をつくります。折りすじをつけても折らない部分に注意を。

|紙のサイズ| 15cm×15cm

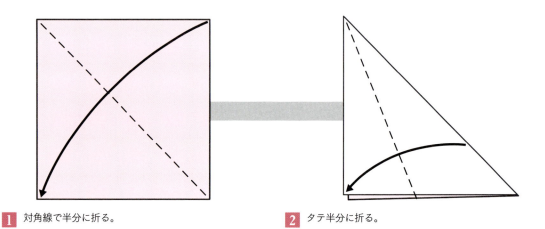

1 対角線で半分に折る。

2 タテ半分に折る。

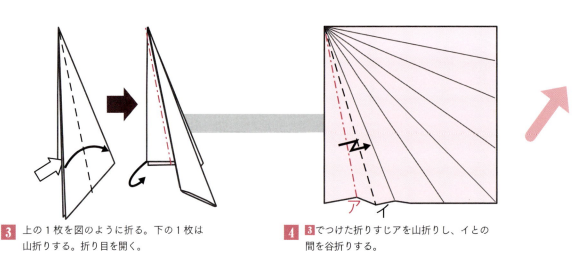

3 上の1枚を図のように折る。下の1枚は山折りする。折り目を開く。

4 3でつけた折りすじアを山折りし、イとの間を谷折りする。

食べもの

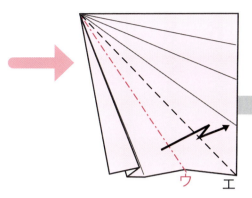

5 ウを山折りし、エを谷折りする。

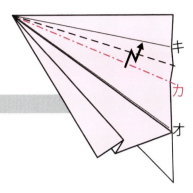

6 オを山折りし、カとキの間を谷折りする。

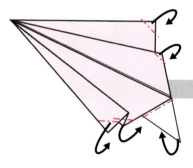

7 4、5、6で折った角を、図のように山折りする。

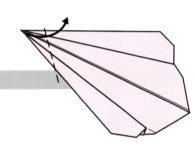

8 左の角を図のように折る。

9 8で折って上にはみ出した部分を、図の位置で山折りする。向きを変える。

できあがり

181

食べもの

りんご ● APPLE

 上部の左右にあるカーブをうまく表現すれば、りんごらしくなります。左右の角は同じ角度でバランスよく。

|紙のサイズ| 15cm×15cm　　　　　　アレンジ／湯浅信江

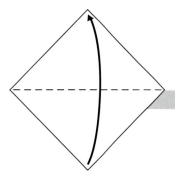

1 横半分に折る。

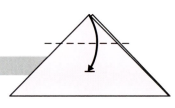

2 上の角を図の位置で折る。

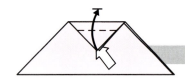

3 2で折った部分を折り上げる。

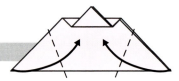

4 左右の角を図の位置で折る。

5 下の左右の角を折る。裏返す。

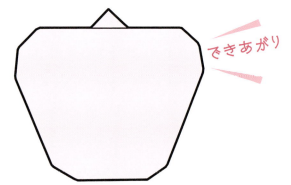

できあがり

食べもの

プリン ●PUDDING

お皿にのったところを表現しています。左右対称になるように、折る位置をしっかり確認します。

|紙のサイズ| 15cm×15cm

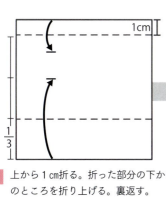

1 上から1cm折る。折った部分の下から1/3のところを折り上げる。裏返す。

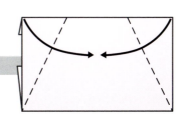

2 上の左右の角を折る。

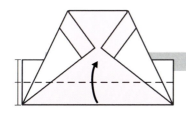

3 下を図の位置で折る。

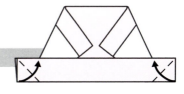

4 左右の角を折る。裏返す。

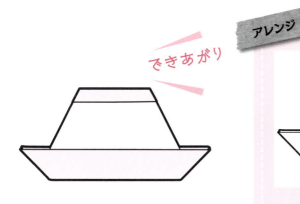

できあがり

アレンジ

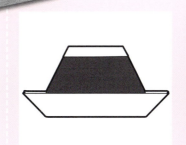

こげ茶色の紙でコーヒーゼリー

こげ茶の折り紙でプリンと同じように折ると、クリームをのせたコーヒーゼリーになります。表を上に置いて、折り始めましょう。

食べもの

ソフトクリーム ● SOFT ICE CREAM

折り方のコツ 上のクリームの部分の段折りは、下から上へと順番に折っていくと折りやすく、また形が整います。

|紙のサイズ| 15cm × 15cm　　　　　　　原案／冨田登志江

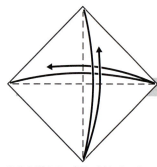

1 タテ半分と横半分に折り、折りすじをつける。

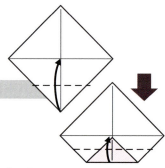

2 下の角を中心に合わせて折る。さらに折った部分も中心に合わせて折る。

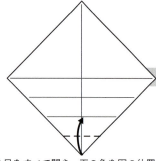

3 折り目をすべて開き、下の角を図の位置まで折る。

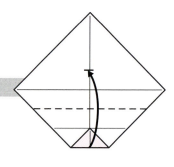

4 3で折った部分を、さらに図の位置まで折る。

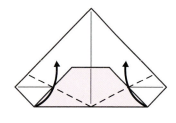 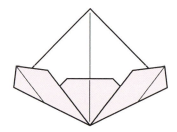 

5 左右も図のように折る。裏返す。

食べもの

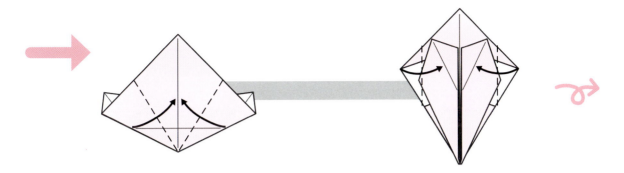

6 折りすじに合わせて折る。

7 図の位置で折る。裏返す。

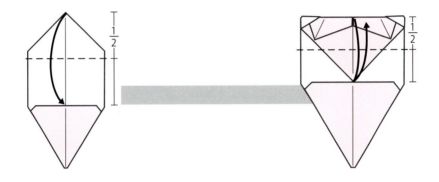

8 上の角を図の位置で折る。

9 8で折った部分を、図の位置で折り、折りすじをつける。

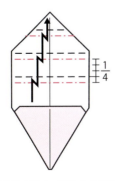

10 8と9の折り目を開く。下から3回段折りにする。

できあがり

食べもの

おむすび ● RICE BALL

 六角形に折ってから四角折りをします。形は違っても折り方は同じなので、折りすじどおりに折りましょう。

| 紙のサイズ | 15cm × 15cm　　　　　　　　　　原案／冨田登志江

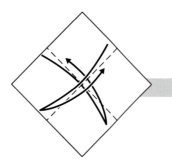

1 タテ半分と横半分に折り、折りすじをつける。

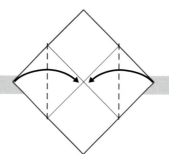

2 左右の角を中心に合わせる。

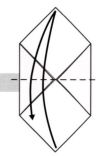

3 横半分に折り、折りすじをつける。

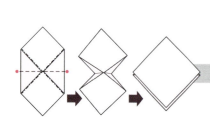

4 左右の●をつまみ、折りすじにそって、図のように折る。

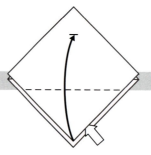

5 上の1枚を図の位置で折り上げる。下の1枚は内側に折り込む。

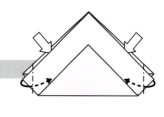

6 左右の角を、上の1枚だけ折り込む。下の1枚も同じように折り込む。

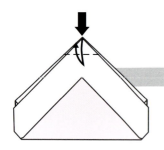

7 上の角を折り、折りすじをつける。

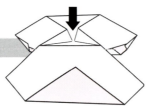

8 左右のすき間を開いて7で折った角を押しつぶすように折る。

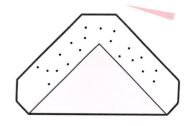

できあがり

ペンなどでごま塩をかく。

パート7

家、乗りもの おりがみ

家

ふたつ屋根の家
● HOUSE WITH TWO ROOFS

折り方のコツ：屋根の先がとがるように、折りすじをしっかりつけて三角に開き、角は指先でしっかりと整えましょう。

| 紙のサイズ | 15cm×15cm　　　　アレンジ／冨田登志江

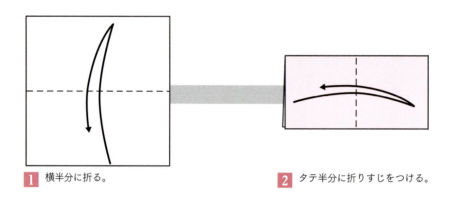

1 横半分に折る。

2 タテ半分に折りすじをつける。

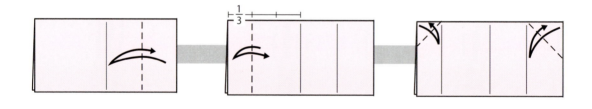

3 右側を図のように折り、折りすじをつける。

4 左側を図の位置で折り、折りすじをつける。

5 上の左右の角を図のように折り、折りすじをつける。

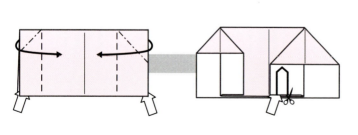

できあがり

6 ⇨の部分を開き、角を折りたたむ。

7 上の1枚だけをドアの形に切り取る。

えんとつ屋根の家
● HOUSE WITH A CHIMNEY

 屋根の三角形をバランスよく整えると、えんとつが引き立ちます。切り込みを入れるときは寸法どおり正確に。

| 紙のサイズ | 15cm × 15cm

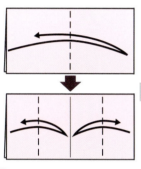

1 横半分に折る。つぎに、タテ半分に折りすじをつける。さらに図のように折り、折りすじをつける。

2 上の左右の角を折り、折りすじをつける。

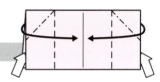

3 ⇨の部分を開き、角を折りたたむ。

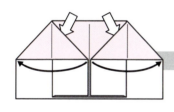

4 上の1枚を、図のように開く。

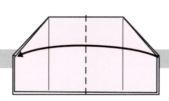

5 タテ半分に折る。

6 図の位置を切る。

7 6で切った部分を、図のように折る。

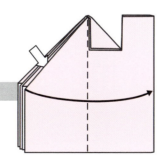

8 左側の上の1枚を、タテ半分に折る。

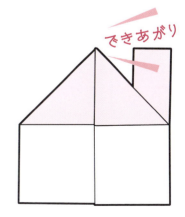

できあがり

家

ピアノ ●PIANO

 左右の辺を後ろの面と直角になるようにすると、しっかりと立たせることができます。けんばんも直角に。

|紙のサイズ| 15cm×15cm

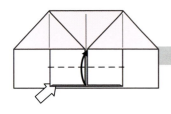
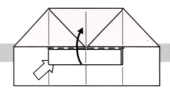
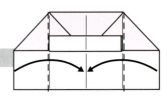

1 えんとつ屋根の家（P189）の**3**まで折る。つぎに、上の1枚を折り上げる。

2 **1**で折り上げた部分を、さらに図のように折り上げる。

3 左右を折りすじに合わせて折る。

できあがり

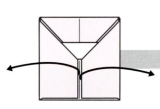
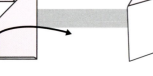

4 **3**で折った部分を開く。

5 **2**で折り上げた部分を、直角になるように開く。

アレンジ

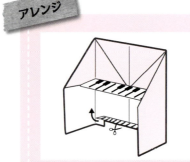

足のけんばんをつけてエレクトーンに

下の辺から1cmの長さの切り込みを幅5mmに6～7個入れて折りましょう。足のけんばんができます。

いす ●CHAIR

折り方のコツ 座面と背もたれを立体的に本物のように仕上げましょう。また、脚もまっすぐに整えると美しいでしょう。

|紙のサイズ| 15cm×15cm

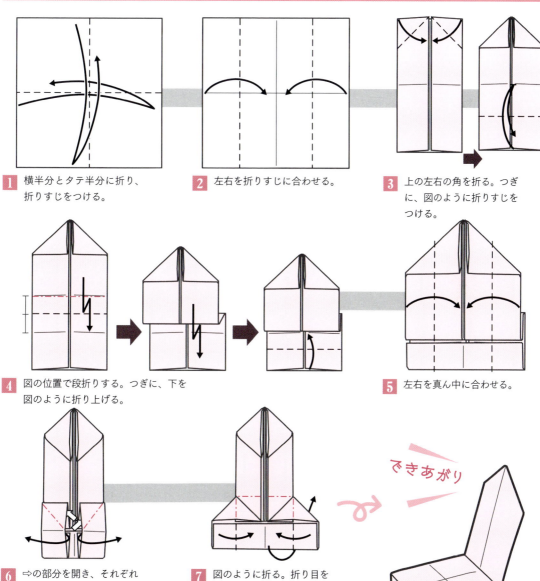

1 横半分とタテ半分に折り、折りすじをつける。

2 左右を折りすじに合わせる。

3 上の左右の角を折る。つぎに、図のように折りすじをつける。

4 図の位置で段折りする。つぎに、下を図のように折り上げる。

5 左右を真ん中に合わせる。

6 ⇨の部分を開き、それぞれ三角形をつくるように折る。

7 図のように折る。折り目を整える。裏返す。

できあがり

つくえ ●DESK

 4つの脚は、どれも床と垂直になるように整えましょう。しっかりと立つようになります。

| 紙のサイズ | 15cm×15cm

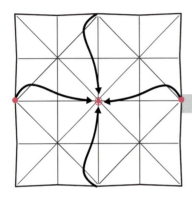

1 二そう舟（P16）の**5**まで折る。

2 上下、左右を図のように中央に合わせて折る。

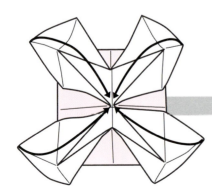

3 4つの角を折り立てる。つぎに、図のようにたたむ。

4 角をそれぞれ図のように折り、折りすじをつける。

家

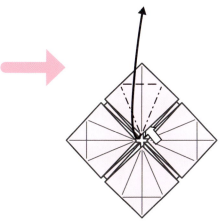

上に開きながら図のように折り、細長いひし形にする。

5 中心を開き、折りすじにそって図のように折る。

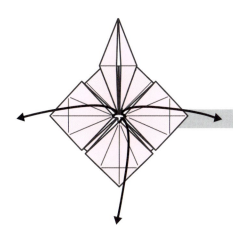

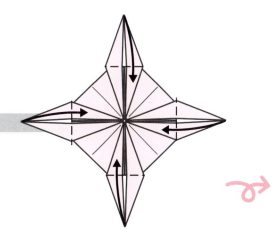

6 他の3カ所も 5 と同じように折る。

7 4つの角を直角に折る。裏返す。

できあがり

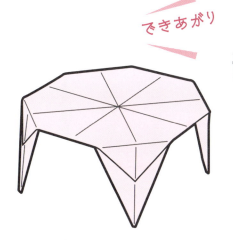

アレンジ

四角いダイニングテーブルにアレンジ

7 でつくえの脚を折るときに、裏の1枚は折らないでそのまますると四角いテーブルになります。

家

紙コップ ● PAPER CUP

折り方のコツ 左右対称に形よく作るには、左右の角を折るときに、折る位置を一度確認するとよいでしょう。

| 紙のサイズ | 15cm×15cm

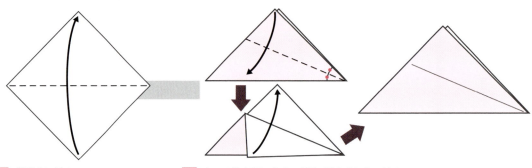

1 横半分に折る。

2 上の1枚を図のように折り、折りすじをつける。

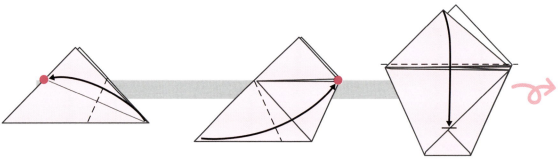

3 右の角を●に合わせるように折る。

4 左側の角も、●に合わせるように折る。

5 上の1枚を図のように折る。裏返す。

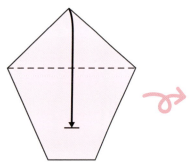

6 5と同じように折る。裏返す。

できあがり

194

湯のみ ●TEACUP

左右対称の整った形をめざしましょう。そのためには、始めの折り目を中央に合わせてしっかり折ります。

| 紙のサイズ | 15cm × 15cm

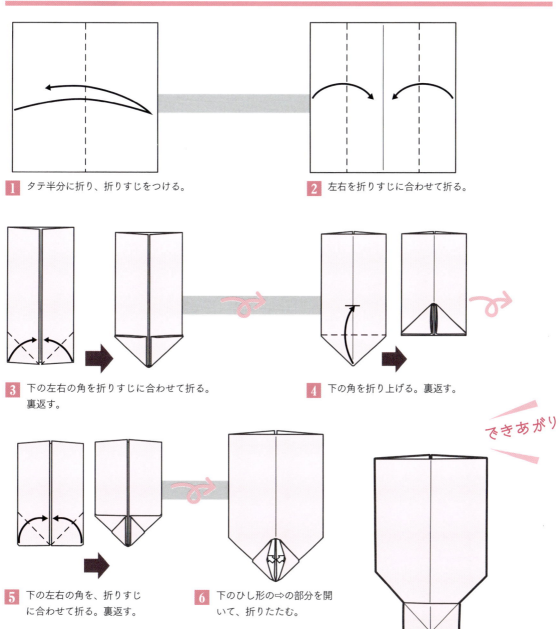

1 タテ半分に折り、折りすじをつける。

2 左右を折りすじに合わせて折る。

3 下の左右の角を折りすじに合わせて折る。裏返す。

4 下の角を折り上げる。裏返す。

5 下の左右の角を、折りすじに合わせて折る。裏返す。

6 下のひし形の⇨の部分を開いて、折りたたむ。

できあがり

新幹線 ●SHINKANSEN

折り目や切り込みを入れる場所は、寸法を正確に測りましょう。かっこいい流線型の新幹線が登場です。

|紙のサイズ| 15cm×15cm

原案／冨田登志江

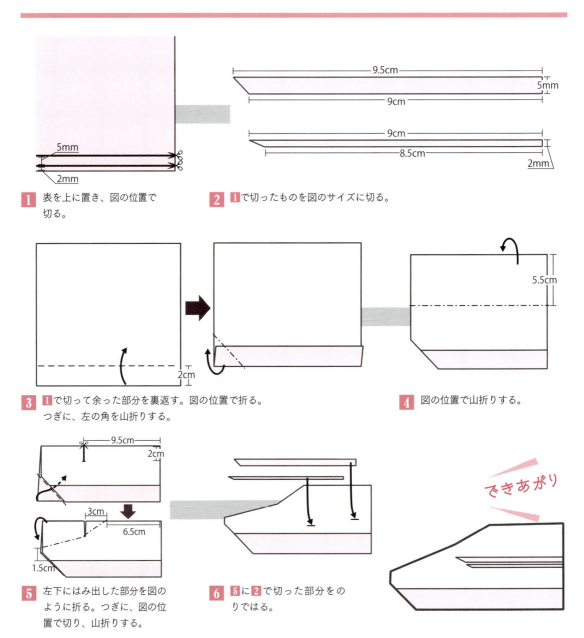

1 表を上に置き、図の位置で切る。

2 1で切ったものを図のサイズに切る。

3 1で切って余った部分を裏返す。図の位置で折る。つぎに、左の角を山折りする。

4 図の位置で山折りする。

5 左下にはみ出した部分を図のように折る。つぎに、図の位置で切り、山折りする。

6 5に2で切った部分をのりではる。

できあがり

乗りもの

紙ひこうき② ● PAPER AIRPLANE②

折り方のコツ　左右のつばさを飛行機の胴体と水平に折りましょう。こうすればまっすぐに飛ばせます。

| 紙のサイズ | 15cm ×15cm　　　　　　　原案／湯浅信江

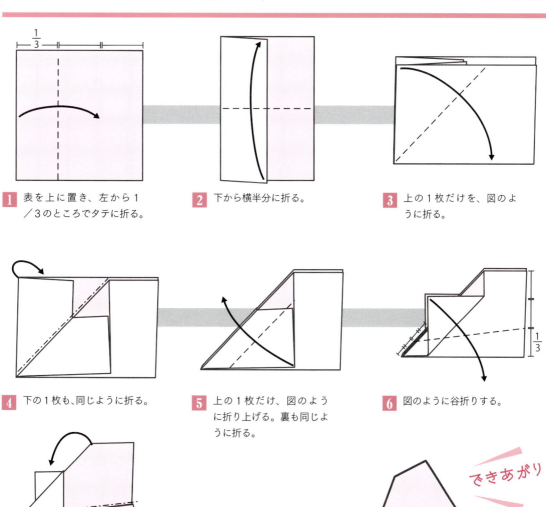

1 表を上に置き、左から1／3のところでタテに折る。

2 下から横半分に折る。

3 上の1枚だけを、図のように折る。

4 下の1枚も、同じように折る。

5 上の1枚だけ、図のように折り上げる。裏も同じように折る。

6 図のように谷折りする。

7 裏も6と同じように折る。左右のつばさを水平にして、形を整える。

できあがり

乗りもの

謎の円盤 ●UFO

 金色や銀色などメタリック系の紙で折れば、金属らしい質感を出すことができ、より本物らしい雰囲気に。

|紙のサイズ| 15cm×15cm

原案／湯浅信江

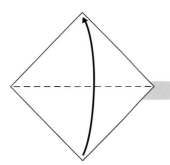

1 横半分に折る。

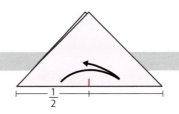

2 タテ半分に折り、下の部分だけ折りすじをつける。

3 左右の角を 2 の折りすじに合わせる。

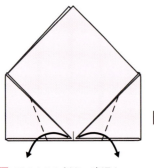

4 図のように折り、裏返す。

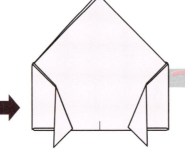

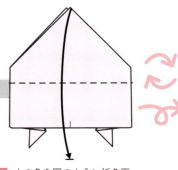

5 上の角を図のように折り下げる。向きを変えて、裏返す。

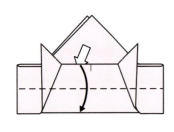

6 図の位置で上の1枚だけ折り下げる。

できあがり

ヨット ●YACHT

折り方のコツ　へさき（船首）やマストの角をしっかりと合わせて折れば、美しく仕上げることができます。

|紙のサイズ| 15cm ×15cm

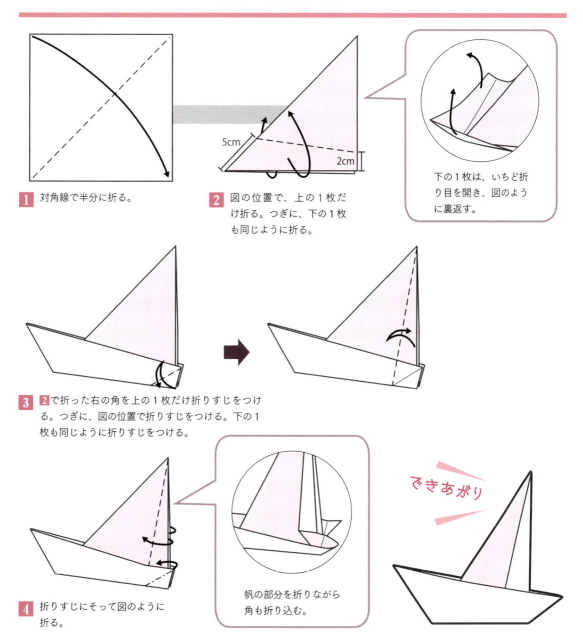

1 対角線で半分に折る。

2 図の位置で、上の1枚だけ折る。つぎに、下の1枚も同じように折る。

下の1枚は、いちど折り目を開き、図のように裏返す。

3 2で折った右の角を上の1枚だけ折りすじをつける。つぎに、図の位置で折りすじをつける。下の1枚も同じように折りすじをつける。

4 折りすじにそって図のように折る。

帆の部分を折りながら角も折り込む。

できあがり

乗りもの

旅客船 ● PASSENGER SHIP

折り方のコツ　甲板上部は、段折りをくり返してつくります。折ったあとに紙が浮き上がらないよう、しっかり押さえましょう。

| 紙のサイズ | 15cm×15cm　　　　　　　　　　原案／冨田登志江

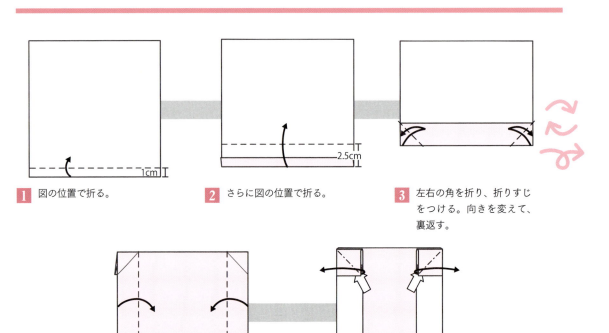

1. 図の位置で折る。
2. さらに図の位置で折る。
3. 左右の角を折り、折りすじをつける。向きを変えて、裏返す。
4. 左右を図の位置で折る。
5. ⇒の部分を開き、折りたたむ。

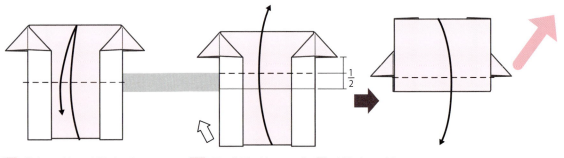

6. 横半分に折り、折りすじをつける。
7. 図の位置で折る。つぎに6の折りすじで折る。

乗りもの

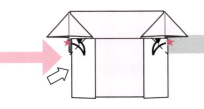 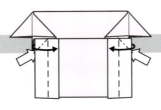 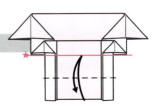

8 図の位置で折り、折りすじをつける。

9 ⇨の部分を開き、図のように左右を折る。

10 図の位置で折り、折りすじをつける。

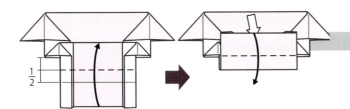 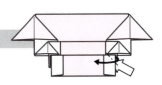

11 図の位置で折る。つぎに10の折りすじを折る。⇨の部分を開き、図の位置で折る。

12 8、9と同じように折る。

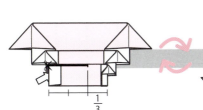 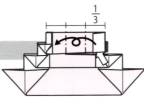 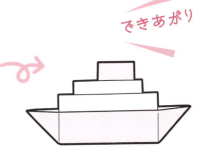

できあがり

13 図の位置で切る。向きを変える。

14 13で切った部分を、右から巻き折りする。裏返す。

アレンジ

デコレーションケーキにアレンジ

ピンク色の紙を使います。13まで折って裏返します。下の左右の角を山折りして、四角くしましょう。

キャンドル（P64）、いちご（P179）を小さいサイズの折り紙でつくってはりつけたり、ペンでクリームの模様をかいたりして、豪華なデコレーションケーキをつくりましょう。

乗りもの

車 ●CAR

折り方のコツ: タイヤの部分は、折ったり開いたりを繰り返すので、谷折りなのか山折りなのかを把握しておきましょう。

| 紙のサイズ | 15cm × 15cm

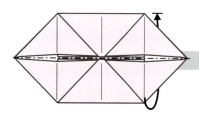

1 ぶた（P144）の3まで折る。つぎに、横半分に山折りする。

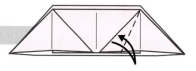

2 図のように折りすじをつける。

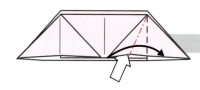

3 ⇨の部分を開き、折りすじにそってたたむ。

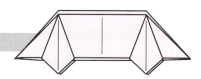

4 左も3と同じように折る。裏も同じように折る。

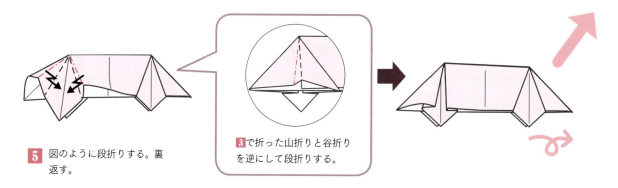

5 図のように段折りする。裏返す。

3で折った山折りと谷折りを逆にして段折りする。

乗りもの

 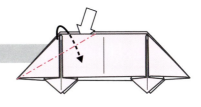

6 下の1枚を 4、5 と同じように折る。

7 上の1枚を図の位置で山折りする。下の1枚も同じように山折りする。

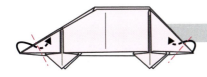 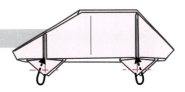

8 左右の角を中割り折り（P12）し、内側に折り込む。

9 下の2つの角をそれぞれ山折りする。裏も同じように折る。

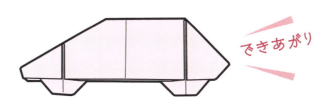

できあがり

アレンジ

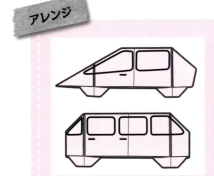

スポーツカーやワゴン車にアレンジ

7 で左（車の前）を深く斜めに折り、中割り折りしないでとがったままにすると、流線型のスポーツカーになります。

また、8 の中割り折りをするとき、2cm以上と深く折り込むと、横長の四角になりワゴン車になります。

ペンなどで窓をたくさん描くと、バスにアレンジすることもできます。いろいろな車をつくりましょう。

203

乗りもの

ロケット ● ROCKET

折り方のコツ 左右対称に、まったく同じ形になるように折りましょう。そのためにも、折る位置はしっかりと確認を。

| 紙のサイズ | 15cm × 15cm

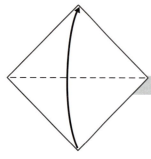

1 横半分に折る。

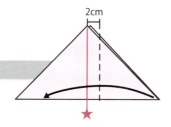

2 右の角を図の位置で折る。

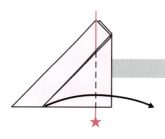

3 2で折った部分を、図の位置で折る。

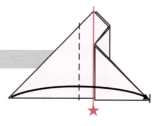

4 左の角を、2と同じように折る。

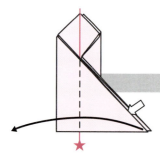

5 4で折った部分を、図の位置で折る。

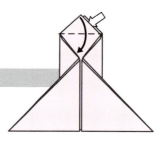

6 上の角を、上の1枚だけ折り下げる。

乗りもの

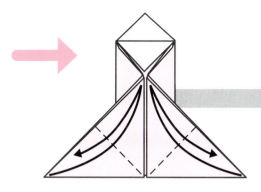

7 左右の角を折り、折りすじをつける。

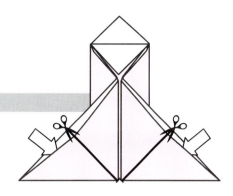

8 7の折りすじにそって、上の1枚だけ切る。

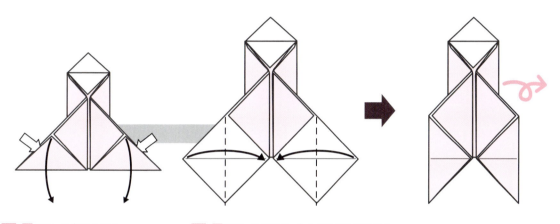

9 8で切った部分を開く。

10 9で開いた部分を、それぞれの位置で折る。裏返す。

アレンジ

裏返さなければアイロンになる

最後に裏返さず、左右のつばさを合わせてのりづけすると、アイロンになります。

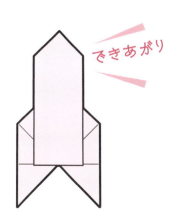

できあがり

205

50音順さくいん

あ

- あさがお ……………… 162
- あやめ ………………… 166
- いす …………………… 191
- いちご ………………… 179
- いぬ …………………… 150
- いのしし ……………… 146
- イルカ ………………… 132
- インコ ………………… 130
- えんとつ屋根の家 …… 189
- お祝い用箸袋 ………… 82
- おしゃべりカラス …… 30
- 鬼 ……………………… 50
- おむすび ……………… 186

か

- カードケース ………… 86
- カーネーション ……… 163
- かざぐるま …………… 36
- 菓子鉢 ………………… 90
- カタツムリ …………… 100
- かぶと ………………… 26
- かぶとむし …………… 60
- かぼちゃ ……………… 62
- 紙コップ ……………… 193
- 紙でっぽう …………… 20
- 紙ひこうき① ………… 19
- 紙ひこうき② ………… 197
- かめ …………………… 104
- カロライナジャスミン … 122
- キツネ ………………… 142
- キャンドル …………… 64
- キリン ………………… 152
- 金魚 …………………… 106
- くじら ………………… 108
- 車 ……………………… 202
- くわがたむし ………… 138
- 鯉のぼり ……………… 56
- コースター …………… 77
- こま（本体）………… 48
- こま（軸）…………… 49

さ

- 財布 …………………… 38
- さかな ………………… 136
- 桜 ……………………… 55
- 桜の器 ………………… 114
- サンタ ………………… 70
- しいたけ ……………… 176
- 写真立て ……………… 73
- 祝儀袋 ………………… 79
- 手裏剣 ………………… 24
- ショートケーキ ……… 116
- 新幹線 ………………… 196
- スペースシャトル …… 126
- セミ …………………… 140
- ぞうの頭 ……………… 154
- ぞうの体 ……………… 155
- ソフトクリーム ……… 184

た

- ダイコン ……………… 170
- たからぶね …………… 44
- たけのこ ……………… 174
- たとう① ……………… 32
- たとう② ……………… 34
- 小さな封筒 …………… 74
- チューリップ ………… 124
- ちょうちょ …………… 135
- つくえ ………………… 192
- ツリー ………………… 66

鶴 …………………… 14	バッタ …………………… 160	ぽち袋 …………………… 84
鶴のメモスタンド ……… 94	ハト …………………… 29	
ティッシュケース ……… 88	バナナ …………………… 180	**ま**
ティラノサウルス ……… 110	ばら …………………… 120	
でめきん ………………… 57	帆船 …………………… 17	まつたけ ………………… 178
天使のハート …………… 68	ピアノ …………………… 190	めんこ …………………… 98
トマト …………………… 169	ピーマン ………………… 172	もみじ …………………… 168
	ヒツジ …………………… 158	
な	ひな人形 ………………… 52	**や**
	ひまわり ………………… 164	
謎の円盤 ………………… 198	びょうぶ ………………… 54	やっこさん ……………… 21
ニそう舟 ………………… 16	風船 …………………… 18	湯のみ …………………… 195
ニワトリ ………………… 131	風船うさぎ ……………… 102	指輪 …………………… 96
ねこ …………………… 148	封筒 …………………… 75	ヨット …………………… 199
ネズミ …………………… 156	ぶた …………………… 144	
熱帯魚 …………………… 28	ふたつ屋根の家 ………… 188	**ら**
のし …………………… 78	ブックカバー …………… 72	
	プテラノドン …………… 112	ラッコ …………………… 134
は	舟の菓子入れ …………… 92	旅客船 …………………… 200
	プリン …………………… 183	りんご …………………… 182
はかま …………………… 23	ペンギン ………………… 133	ロケット ………………… 204
箱（ふた） ……………… 40	ペントレイ ……………… 76	
箱（本体） ……………… 42	帽子 …………………… 118	
箸置き …………………… 80	ボート …………………… 128	
箸袋 …………………… 81	星 …………………… 65	

◎監修　小林一夫　Kazuo Kobayashi

1941年、東京都生まれ。お茶の水おりがみ会館館長。内閣府認証NPO法人・国際おりがみ協会理事長。世界各国で折り紙の展示、講演、講習を行なっている。「おりがみは誰のものでもない」と、伝承あそびとしての折り紙の普及に務めている。近著にエッセイ『折り紙は泣いている』(愛育社)、『親子で楽しむ　おりがみずかん』(学習研究社)、『親子で遊んで楽しい！ おりがみ大図鑑 136』(成美堂出版)、監修書に『喜ばれる素敵な折り紙』(池田書店)、『かわいいブロック折り紙』(PHP研究所)、『親子でつくろう！ はじめてのおりがみ』(朝日新聞出版)など多数ある。

作品制作／冨田登志江
編集・構成・DTP／造事務所
　撮影／齋藤大輔
　デザイン／石井眞知子
　文／長瀬ひろみ
　折り図／高岡理恵子

最新版 おりがみ大百科

監修者 ◎ 小林一夫
編集・構成 ◎ 造事務所
発行所 ◎ 実業之日本社
　　〒107-0062 東京都港区南青山 5-4-30　emergence aoyama complex 3F
　　電話　(編集) 03-6809-0473
　　　　　(販売) 03-6809-0495
　　　　　https://www.j-n.co.jp
印刷所 ◎ 大日本印刷株式会社
製本所 ◎ 大日本印刷株式会社

©Kazuo Kobayashi , ZOU JIMUSHO 2015 Printed in Japan
ISBN 978-4-408-45545-7
落丁・乱丁はお取り替えいたします。
実業之日本社のプライバシーポリシー（個人情報の取り扱い）については上記ホームページをご覧下さい。
本書の一部あるいは全部を無断で複写・複製（コピー、スキャン、デジタル化等）・転載することは、法律で認められた場合を除き、禁じられています。また、購入者以外の第三者による本書のいかなる電子複製も一切認められておりません。（学芸）